Helsingfors 1997

EUROPAS INDIANER OCH ANDRA ESSÄER

Ville Zilliacus

EUROPAS INDIANER

och andra essäer

Schildts

ISBN 951-50-0507-8

Omslag: Peter Sandberg
Östra Nylands tryckeri Ab
Lovisa 1990

Innehåll

Redan de gamla kelterna . . .

Hösten 1940 hittade en jordbrukare i sydvästra Finland ett besynnerligt metallföremål i sin åker. Med en flyktig tanke att det kunde härstamma från något sovjetryskt bombplan under det nyss avslutade s.k. vinterkriget hängde han upp det på närmaste gärdsgårdsstör och där fanns det ännu ett par månader senare. Associationerna till kriget fick offentlighet och pressen intresserade sig för föremålet. Det blev plötsligt värdefullt, kanske blottade det dittills dolda sammanhang.

Att så var fallet visade sig snart när ringen — så såg nämligen föremålet ut — från Laitila (Letala) sändes till museifolket i Åbo. Men dess värde låg på ett helt annat plan än man trott och dess ursprung inte några månader tillbaka i tiden utan ungefär ettusen år. Det var fråga om ett s.k. tistelspänne i silver, av samma typ som man funnit till exempel på Orkneyöarna och på Irland, i Tipperary, utformat i 900-talets keltiska stil. Ett annat liknande spänne har man hittat i Saltvik på Åland. Båda finns sedermera kommenterade i den vetenskapliga litteraturen också hos oss. De sakkunniga ler igenkännande när fynden kommer på tal.

Men en lekman, som av ett sådant föremål oväntat lockas in i den keltiska konstvärlden kan bara stumt beskåda vad den har att bjuda på, utom smycken smågudar med mustascher och utstående ögon, skålar och fat, utsirade

Tistelspännet från Letala.

svärdfästen med slingor, jättekors med reliefer, sköldar . . .

En del avbildningar av de allra äldsta fynden, dubbelt så gamla som våra spännen, till exempel skimrande ansiktsmasker, kan leda våra tankar till de homeriska sångerna medan andra osökt påminner om etruskernas figurer. I båda fallen kan vi vara inne på rätt spår, de gamla kelterna i Centraleuropa var grannar till de flesta folken kring norra Medelhavet och bedrev handel med dem tills de började vandra västerut mot Atlanten och de Brittiska öarna. Sina egenskaper och sin särprägel tog de med sig; det prydliga nålspännet från åkern i Laitila har med all säkerhet ansetts vara en arvtagare i rätt nedstigande led till den kulturform som kelterna byggde upp norr om Alperna under det första årtusendet före vår tideräkning.

Att skriva något vettigt om en fjärran och längesedan död kulturepok, som inte har lämnat ett enda skrivet ord åt eftervärlden, kan te sig lika meningslöst som att hålla tal vid den okände soldatens grav. Därför är tystnaden den mest talande och tilltalande formen för en uppvaktning.

Sådant är utgångsläget när det blir fråga om de keltiska folken. Deras grav är Europa eller lite försiktigare uttryckt: större delen av Europa. De färskaste blommorna på den graven är nedlagda på de Brittiska öarna och av de närmaste släktingarna i Skottland och Wales, på ön Man och naturligtvis på Irland, där det keltiska ännu har en aktad innebörd. I vilken mån den domineras av tron på en keltisk ras eller ett keltiskt urfolk, en »stam» eller ett keltiskt språk någonstans i bakgrunden, må här lämnas osagt och är väl ganska oväsentligt: allt är ju ändå borta för alltid — utom iriskan och dess närmaste släktingar, lätt räknade men svårt talade.

För att skingra onödiga missförstånd skall här på ett tidigt stadium citeras några ord av en känd forskare, professor Proinsias MacCana. Han inleder sin bok om keltisk mytologi med att tala om flera keltiska folk av rätt olika struktur men sammanhållna av en gemensam kulturform: »The unity of the Celts of antiquity was one of culture rather than race.»

Det är onekligen en diplomatisk formulering, som lägger huvudvikten vid den kulturella enheten utan att för den skull helt utesluta genetiska grunder.

De uppgifter om kelterna som man finner hos antikens författare pekar entydigt på ett keltiskt folk. När grekerna talade om *keltoi* och romarna om *galli, celtae* eller *galatae* och beskrev deras vanor och institutioner avsåg de ett grannfolk bland många som de kommit i beröring med. Och det var helt naturligt; för utomstående iakttagare tedde sig kelterna på olika håll tillräckligt lika varandra för att uppfattas som ett enda folk även om de var splittrade i grupper av olika etniskt ursprung. När MacCana själv talar om ett keltiskt »imperium» som en gång, långt före vår tideräkning, sträckte sig från Mindre Asien till Spanien och de Brittiska öarna avsåg han alltså i första hand ett kulturområde.

Att mot en så vidsträckt och diffus bakgrund tala om keltiska typer eller keltiska karaktärsdrag borde mänskligt att döma te sig som lösa spekulationer. Och ändå förekommer det alldeles allmänt, kanske därför att vi behöver ett sammanfattande ord eller två för allt det vi idag tycker oss se hos till exempel irländarna; vi talar till och med om nationalegenskaper sådana som sinne för poesi och vältalighet, lusten att dramatisera och debattera, svagheten för överdrifter, entusiasmen, djärvheten och motviljan mot kompromisser.

Det märkliga är, påpekar MacCana, att de egenheter och kännetecken hos kelterna som på sin tid väckte grekernas uppmärksamhet är iögonenfallande också idag, desamma adjektiven har sitt berättigande då som nu. De beskriver en viss typ av människor — inte en kulturform. Vad skall vi då sist och slutligen tro?

Kanske att etniska misstag, fördomar och förenklingar har en enastående förmåga att överleva det mesta och de flesta. Den stämpel som de antika skriftställarna slog i kelternas panna förefaller outplånlig.

Till saken hör att den dessutom var en smula vilseledande, medvetet eller omedvetet. Till de få historiska bravader som kelterna gjort sig skyldiga till hör att de plundrade grekernas heligaste tempel i Delfi och att de belägrade och krävde Rom på en väldig lösen. Sådant gör man inte ostraffat. Kelterna var alltså fiender och beskrevs med sådana ord och färger som fiender förtjänade. De var ociviliserade och krigiska odågor.

Det är naturligt att de äldsta skriftliga dokumenten beskriver kelterna som hövdingar och krigare, i läger och i större grupper, medan den enskilda individen förblev ett relativt okänt begrepp som romarna mera sällan kom i fredlig kontakt med.

Men det fanns *en* egenhet hos dessa barbarer, som tydligt väckte grannarnas nyfikenhet såsom för dem ovanlig och särskilt framträdande. Det var deras vältalighet, den fröjd de fann i att utnyttja sitt språk till det yttersta och den färdighet de utvecklade i behandling av det. I och för sig var detta knappast förvånande i ett samhälle som saknade skrivandets och läsandets glädjeämnen; dem fick kelterna först med kristendomen och St Patrick på Irland. Hur som helst kan deras retorik vara värd några kommentarer.

I alla tider har kelterna varit kända för att vid valet av sina ledare hellre följa personliga motiv än politiska system och idériktningar. Vi kan gott föreställa oss att en hövding måste ha varit en oförskräckt person, ståtlig att skåda, helst huvudet högre än andra och dyrbart klädd. Kanske bar han på huvudet en glänsande hjälm med utstående horn av det slag vi felaktigt brukar associera med vikingarna och kanske stödde han sig under talandet på en fotsid sköld, prydd med slingor och bilder av vilda bestar.

Talets gåva hade han gemensam med sina medtävlare om makt och gunst. Alltså gällde det att utnyttja den bättre än de, bara en talets mästare kunde bli trodd och följd av sina anhängare. I ett illitterat samhälle utan några heliga skrifter att åberopa betraktades talets gåva lätt som en skänk från ovan, en inspiration som i förening med stämman vittnade om övernaturliga egenskaper. Helt i linje med detta hade kelterna en egen gudom, Ogmios, som beskyddare av vältaligheten; i Bordeaux fanns en skola för utbildning av talare, och förmögna romerska familjer anställde gärna keltiska oratorer som lärare för sina söner.

Säkert var övertygelsen om talandets makt besläktad

med den aktning man hyste för sångens och sägnernas roll. Det fanns en egyptisk farao, som hövligt men bestämt avvisade en delegation av vise män som bad honom godkänna en massa tecken, vår tids bokstäver. Faraon vågade inte binda det talade ordet vid så förgängliga ting, kanske skulle hans folk börja anse boklig lärdom vara tillräcklig och därför upphöra att för sina barn berätta vad de lärt sig av sina föräldrar. Skriften var traditionens fiende.

Hos kelterna var det uppenbarligen en målmedveten strävan att göra berättandets konst och diktens språk så tilldragande som möjligt, för att därmed höja deras effekt på lyssnarna. För att göra effekten bestående skulle talet följa vissa mnemotekniska principer av vilka slutrimmet var en. Folkdiktsforskare har funnit mängder av liknande tricks, aforismer och hyperboler och andra, välkända inte minst i vår egen folkdiktning och i Eddasångerna. De förklarar delvis hur illitterata folk i minnet kunde bevara sådana otroliga mängder av verser och vetande. Det var alltså inte något särskilt utmärkande för kelterna, men deras skrivkunniga grannar imponerades länge av deras minne och vältalighet.

Denna beundran har delats av moderna forskare. Nora Chadwick motiverade sina utförliga anteckningar i ämnet med orden: » — it is only by a full realization of their cultivated, polished speech that we can come to some estimate of their activity and refinement of mind.» Hon placerar också de keltiska barderna bland de allra högsta i hierarkin. Varje »kung» hade sin egen ceremonimästare för sång och ordkonst, ansvarig bland annat för att hövdingens heroiska förflutna blev besjunget i vältaliga ordalag. Till bardernas privilegier hörde också i de lägre kategorierna hus och betesmarker som en ynnest av kungen, och en harpa och en guldring av hans gemål. Vi får väl också räkna med att det var ordkonst, recitation och sång som avsågs, när det heter att irländska kungar till sina gästabud

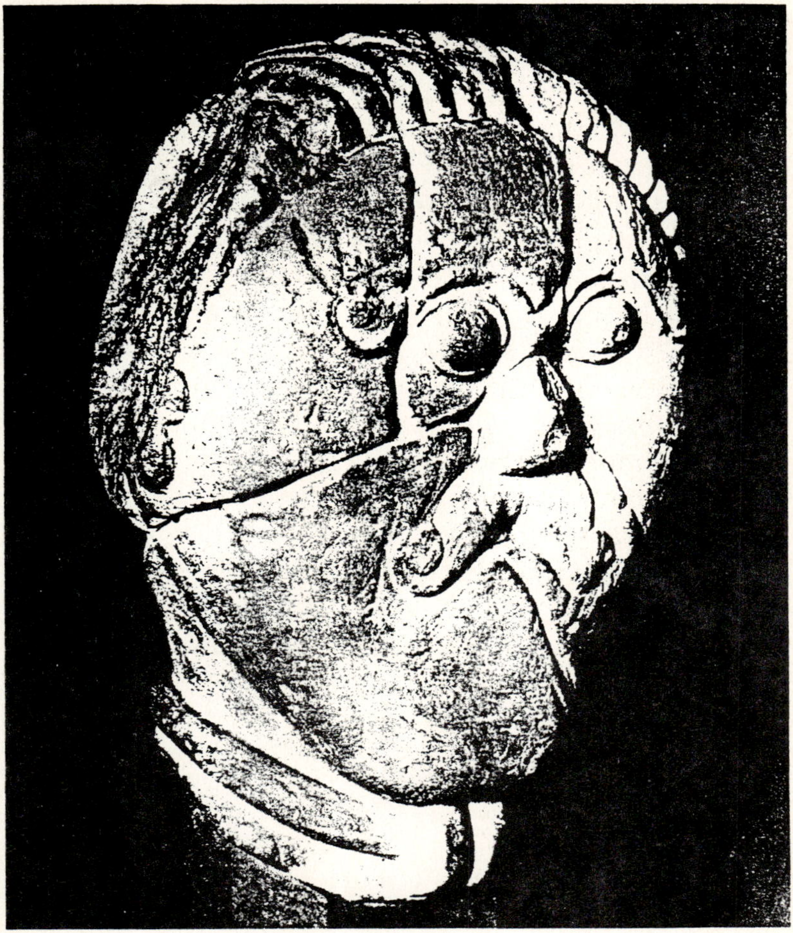

Keltisk kultfigur av sten med buskiga ögonbryn och mustascher från La tène-perioden några hundra år före vår tideräkning. Nationalmuseet i Prag.

hälsade även objudna gäster välkomna om de var kungasöner från vänligt sinnade riken eller om de hade med sig sin konst.

Av svenska författare som känt sig dragna till det keltiska är väl Frans G. Bengtsson den bäst kände — vilket med tanke på Röde Orm inte är så förvånande. I en essä om keltiskt och irländskt i Ord och Bild (1924) liknar Bengtsson antikens kelter vid homeriska rövare, en hop tanklösa och håglösa hjältar som vandrade omkring utan mål och tog dagen som den kom. I motsats till de germanska folkens vandringar hade kelternas varken början eller slut. De dök upp här och där när de var minst väntade, förfärliga att skåda; de slogs i blint raseri om de mötte motstånd och släntrade sedan slött vidare som om ingenting hänt. Så har de fått många riken att vackla utan att själva lägga grunden till ett enda. Inte heller har de lämnat efter sig några bestående resultat, de enda två uppfinningar som vi kan anse vara keltiska är duellen och slutrimmet. Det låter som ett eko från Cato d.ä:s dagar; enligt honom värdesatte kelterna två ting högre än allt annat, färdighet i vapnens bruk och i tungans. Att de inte var alldeles som vanligt folk fick vi ju lära oss redan av G K Chesterton i hans allbekanta rader —

»The great Gaels of Ireland
are the men that God made mad,
for all their wars are merry
and all their songs are sad.»

Antika citat om kelternas beteende i krigiska sammanhang finns det gott om, men de är kanske alltför allmänt kända för att här upprepas. Men när det som exempel på deras grymhet framhålls att de var huvudjägare borde det inte som något diskriminerande få läggas enbart kelterna till last. En motståndares huvud var ett populärt segertecken på många håll i Europa, bland annat i Norden, där ju vikingarna efter en drabbning kunde dricka en *skål* ur den besegrades *skalle* — det lär här vara fråga om samma ord, dessutom.

Ganska stridbar var också den keltiska kvinnan. Hennes

roll, inte bara inom familjen utan i hela samhället, måste ha varit mycket framträdande om vi får tro Ammianus Marcellinus:

»Nästan alla kelter är högväxta och blonda eller rödlätta. Deras ögon har ett skräckinjagande uttryck, de är grälsjuka samt mycket stolta och högfärdiga. En hel hop främlingar kan inte stå emot en ensam kelt särskilt om han kallar på sin hustru och får hjälp av henne. Kvinnorna är oftast blåögda och mycket starka när de med svällande hals och gnisslande tänder börjar sparka och slå omkring sig med sina väldig armar . . .»

Om en keltisk »drottning» i östra England heter det att hon var lång och ståtlig men såg hotfull ut och hade en djup och hes röst. Hennes klarröda hår vällde ner från hjässan ända till knäna. Hon bar ett smycke av tvinnat guld och en färggrann tunika över vilken en mantel var fästad med ett nålspänne.

De glada krigen liksom de sorgmodiga sångerna har tonat bort — nästan — även om man ännu kan höra ett eko av dem båda vid torvelden i iriska hem. Men de säkraste spåren lämnade kelterna efter sig i sin egen jord och skyddade av den. De begravde sina ledare tillsammans med deras ägodelar, och det har varit arkeologernas sak att gräva upp dem i dagsljuset. De bestående bevisen för talet om kelterna som den specifikt europeiska kulturens första byggmästare och formgivare — i motsats till den orientaliska, om man så vill — ser vi nu spridda i museernas vitriner över större delen av vår världsdel. Såsom till exempel i Helsingfors Nationalmuseum där spännet från Laitila bevaras.

Med tanke på fyndens art och antal är det förvånande med vilken lätthet skribenter i kulturhistoriska ämnen via Homeros brukar glida över till grekernas storhetstid som till en alltomfattande soluppgång. Det sker på bekostnad av det vi lärt oss om förhållandena både »öster om antiken» och norr om den. Och där kommer kelterna in i bilden. Det var med deras saxar och sågar, yxor, liar och andra redskap, så förbluffande lika våra egna, som ett nytt tidsskede snickrades ihop norr om Alperna.

Det var där kelterna i huvudsak rörde sig, de dröjde sig inte länge kvar någonstans. Ett slags visitkort ser vi kvarlämnade här och där och på dem står idag skrivet sådana namn som Wien och Zürich, Bonn, Lyon, London och Dublin för att nämna bara några få av kelterna namngivna orter i deras egen marschriktning.

Störst och bäst känt är väl det gamla Gallia från vår skoltids De bello gallico, kriget, varmed Caesar gjorde slut på det keltiska kulturväldet. Rent språkligt är ju det keltiska detsamma som det galliska, varför gallisk esprit egentligen är detsamma som keltisk spiritualitet.

Keltisk hjälte på hästryggen jagande sagornas vildsvin för över 2000 år sedan. Figuren är funnen i Spanien. Musée des Antiquités Nationales, St Germain-en-Laye.

Europas indianer

När Czeslaw Milosz för något tiotal år sedan fick Nobelpriset i litteratur ville man på många håll uppfatta det som ett utslag av Svenska akademiens besynnerliga sinne för humor. Än en gång hade den lyckats kringgå alla förhandskandidater till förmån för en nästan helt okänd författare. Vem var nu denne Czeslaw Milosz och hur skulle namnet uttalas? Vad hade han skrivit som var värt ett Nobelpris? Eller var det kanske så att hans hemland nu stod i turen att uppmärksammas i Sverige, till exempel av handelspolitiska skäl? Förvåningen och kritiken tog sig mångahanda uttryck. En del uppslagsböcker visste berätta att Milosz var född i Vilna år 1911, och Vilna låg enligt kartorna i Sovjetunionen. Trots detta sades det att priset gått till Polen. På äldre kartor låg Vilna i Litauen men inte i Polen. Nobelpriset väckte många berättigade frågor den gången.

De sakkunniga skyndade sig att besvara dem. Milosz var en kosmopolitisk författare, sade de, vårt århundrades verklige europé, vars litterära produktion förädlats av de plågsamma utvecklingsskeden han själv och hans hemland fått genomgå. Detta framgick med all önskvärd tydlighet av hans självbiografiska betraktelser i »Mitt Europa», som utkom på svenska året efter priset, 1981. Där säger han:

»Om man kommer från de dimhöljda vidder, varom

böcker och uppslagsverk berättar så föga och felaktigt, så måste man förklara allt från början. (— —) Mina rötter är där, i öster, och det är ett axiom. Även om det är svårt eller obehagligt attt förklara vem jag är, så måste jag ändå försöka.»

(Övers. Stellan Ottosson)

När Czeslaw Milosz skrev dessa rader hade han redan länge bott i väst, i USA. Han hade det tillräckliga perspektivet både i tid och rum för att betrakta sina händelserika ungdomsår i Europa utan förvillande känslosamhet. Det gäller också hembygden »där, i öster». Hans läsare av idag har all orsak att vara honom tacksamma för den ärlighet och saklighet varmed Litauen beskrivs. Vår okunskap om vad som under det gångna halvseklet har skett där, liksom om det övriga Baltikum, har fått ett försprång — till exempel jämfört med Polen — som med alla medel borde förkortas.

Litauen har varit avskärmat också norrut, från grannarna Lettland och Estland. Medan dessa båda präglats av sina kontakter längs de nordliga Östersjövägarna har Litauens öden formats av närheten till de slaviska folkelementen och brytningarna mellan dem. »Mitt Europa» handlar om den etniskt och språkligt brokiga miljö som var författarens ungdomslandskap och om de omvälvningar som för all framtid förändrade dess karaktär. För honom finns ingen väg till hemmets dörr.

Skolan i Vilna var polsk, men i andra skolor i närheten undervisades och uppfostrades barnen på ryska eller vitryska, litauiska, hebreiska eller jiddisch. Varje språk innebar egna värden och traditioner, ett eget sätt att tänka och uttrycka sig. Det judiska elementet var mycket framträdande; Vilna var en av de städer som verkligen gjorde skäl för benämningen »ett annat Jerusalem» eller »Litauens Jerusalem».

Litauiska hörde man mest på landsorten, som på många håll kunde vara enspråkig, medan i städerna fyra—fem språk levde sida vid sida, blandade med varandra på olika nivåer. Som gränsort påminde Vilna av allt att döma om vårt eget Viborg, inte heller där klagades det över språkförbistringen. Medan skolmyndigheterna i vårt land nu tycks anse två språk vara en övermäktig uppgift för våra barn tog varken Czeslaw eller hans skolkamrater någon skada till sin själ av fyra språk.

Också universitetet var uppdelat i studentföreningar och andra institutioner på språklig grund. Hela livet, berättar Milosz, var som en stor mosaik där envar fick välja sina rutor efter råd och lägenhet, språk och religion. Folk läste sina egna böcker och tidningar, lika troget från år till år som de gick i kyrkan eller i synagogan, och familjerna umgicks med varandra enligt traditionsbundna mönster. Från det avvek man bara på torg och andra offentliga platser där de sociala kraven trängde undan privata vanor och egenheter.

Varken som barn eller vuxen fann Milosz något förvånande i en tillvaro där människorna hade så olika livsstil och värderingar. Till den föddes han i en familj, som talade polska men bodde vid en flod med ett litauiskt namn, där kände han första gången jordens doft och där såg han sitt första träd, såsom han själv har berättat i sin bok »Själar i fångenskap».

Med den boken frigjorde han sig ur sin egen fångenskap och tog farväl av den regim som länge hållit Litauen i sitt grepp. Vi har under de gångna åren sett hur flertalet av befolkningen valt samma väg. Men om den litauiska bakgrunden ordades det inte mycket vid festligheterna i Stockholm. Nobelpriset ansågs gå till en polack. Bara den vikande generationen erinrade sig att Vilna, hans hem-

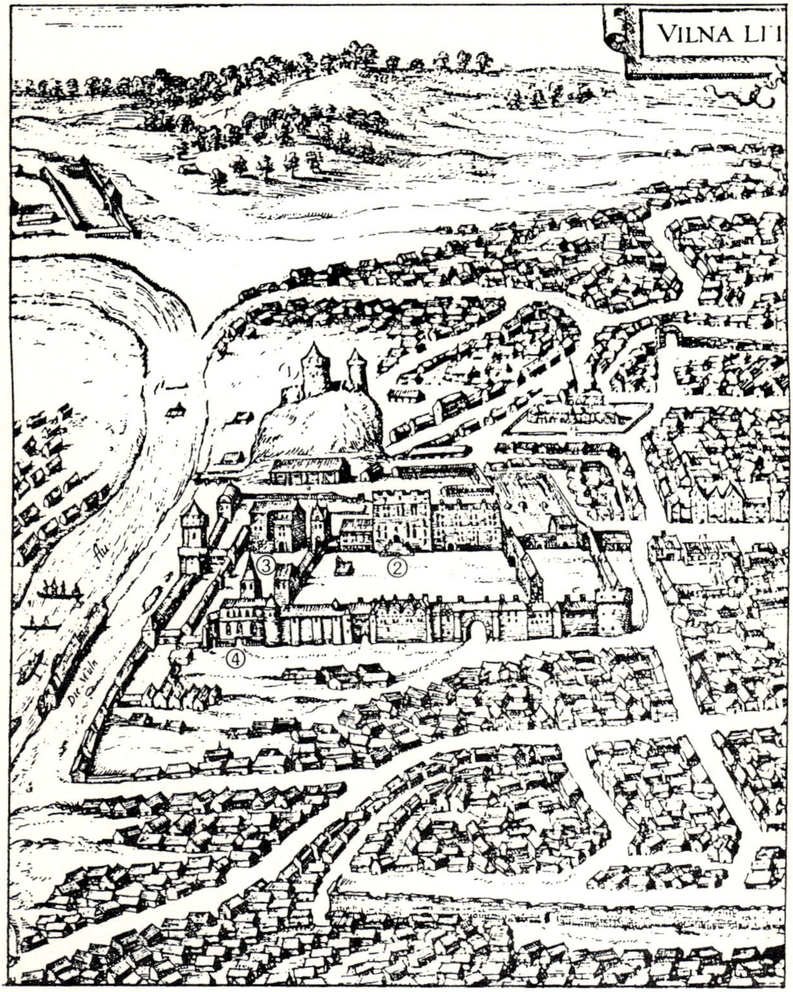

Den medeltida borgen (1) i 1570-talets Vilna med slottet (2) nedanför. Biblioteka Jagiellónska, Krakow.

stad, för inte så länge sedan var det självständiga Litauens huvudstad. I allt väsentligt var det polska naturligt och riktigt. Milosz färger var vitt och rött. På klassrumsväggen i skolan, där han i sin pulpet läste om Polens storhet och lidanden, hängde en bild av Jagiello, Sigismund August, konung av Polen, storfurstendömet Litauen, Ukraina, Preussen, Samogitia, Masovia, Livland etc, etc.

Jagiello . . . Jagellonica.

Namnet lockar fram minnen från skoltiden då vi i vår pulpet läste om hertig Johans gemål Katarina Jagellonica, som levde ett överdådigt renässansliv på Åbo slott.

Katarina var syster till Polens, men också Litauens konung, Sigismund II August, och bröllopet mellan henne och hertig Johan ägde rum i Kaunas medan hovet uppehöll sig i Vilna. Det enda som räknades var Polen, Litauen var endast ett tillhörande område. Det är så mycket mera förvånande som släkten Jagiello ursprungligen var från Litauen och inte polsk. Det var en litauisk storfurste, Jagiello, som för över sexhundra år sedan grundlade unionen med Polen genom att välja dess arvtagerska till gemål, och det var snart därefter som det litauiska riket sträckte sig från Östersjön till Svarta havet med en gräns i öster som gick hotande nära Moskva.

Ännu så sent som på 1200-talet, då trubadurerna sjöng och spelade i södra Frankrike, existerade det i den motsatta ändan av Europa ett stycke forntidsland, närmare bestämt vid södra Östersjön, på gränsen mellan de båda kyrkliga lägren, det grekisk-ortodoxa och det romersk-katolska. Där hade man inte valt sida utan levde som hedningar.

Kanske bidrog detta till den miloszska visionen av litauerna som Europas sista indianer. »Även Europa hade alltså sina rödskinn», säger han:

»De visade sin närvaro genom ständiga väpnade överfall; de dök plötsligt upp och drog sig lika hastigt tillbaka till sina otillgängliga gömslen. Deras språk var obegripligt för de omkringboende slaverna, deras tekniska nivå, om denna bedöms efter beväpningen, var lägre än motståndarnas. Bågar, spjut och skinnklädda sköldar kämpade mot harnesk och lansar, men detta underläge uppvägdes av deras rörlighet. Nu uppträder för första gången ett gemensamt namn på dessa stammar: Litauen. Det är svårt att avgöra i vilken mån man kan beteckna dem som barbarer.»

(Övers. Stellan Ottosson)

Med sitt tal om halvbarbariska stammar visar Milosz här en klädsam försiktighet i bjärt kontrast med den stormaktsställning man ibland har förlänat det medeltida Litauen. Men förr såg man annorlunda på saken. När A H Snellman hos oss i en doktorsavhandling för hundra år sedan tog sig före att behandla de östersjöfinska folkens öden söder om Finska viken valde han tiden från slutet av 1100-talet till mitten av 1300-talet, då nämnda folk enligt författaren försvarade sin självständighet.

Har vi alltså en period av självständighet bakom oss, i en hednisk tillvaro, som man av någon anledning har hållit tyst om?

Ungefär likadant var det väl med den litauiska storhetstiden utom att man där har årtal att tillgå. Det var mera fråga om en *etnografisk* sammanhållning på ett område många gånger mindre än dess *geografiska* gränser lät ana, ett område som i huvudsak beboddes av vitryssar och ukrainare i söder, polacker i väster och ryssar i öster. Men med detta förbehåll skulle talet om Litauen som en av Europas dåtida stormakter vara befogat.

Hur som helst var faran redan på marsch söderifrån i form av Tyska orden, som hade blivit arbetslös i det Heliga landet och nu ville omvända de hedniska indianerna, litauerna. Hur det gick till finns beskrivet av ett ögonvittne, tysken Peter Suchewirt, som deltog i missionsarbetet:

> »Det mördades, fångades och brändes i Litauen allt till den heliga oantastliga Jungfru Marias ära och syfte att där utbreda den aktningsvärda kristendomen. Invånarna jagades ut på fälten som djur, och deras byar antändes, så att himlen blev rödglödgad. Befolkningen led obeskrivligt, oss beredde detta emellertid enbart nöje — —»

Den enda tänkbara bundsförvanten mot korsriddarna var Polen, säger Milosz, och »det som korsriddarnas svärd inte hade förmått, det åstadkom äktenskapet: år 1386 anordnades vid flodstränderna massdop av litauerna i kraft av ett dekret från fursten. De sista hedningarna i Europa hade upphört att vara en skandal för de troende».

Sedan kom faran österifrån, i form av de ryska furstendömenas växande inflytande. Men det räckte länge innan dessa lyckades bilägga sina inbördes tvister och innan Moskva hade nått en tillräckligt central position för att kunna hålla mongolerna på avstånd. När också Novgorod kuvades måste Litauen dra sig tillbaka mot Polen. Makten och härligheten låg där hos kyrkan och adeln, medan lantallmogen utanför stadsmurarna höll till i sina byar, utnyttjad av de makthavande, de må sedan ha varit polska eller ryska eller tyska. Dessa sista vilda indianer i Europa, för att igen tala med Czeslaw Milosz, nöjde sig med den näring som skogarna och fälten omkring dem skänkte; villebråd och fisk fanns det gott om. Som människor var de väl varken bättre eller sämre än andra men de hade ett allvarligt fel: de var, som sagt, hedningar — det vill säga att de inte trodde på den rätte guden och på det rätta sättet. Därför måste de antingen döpas eller förgöras, en lämplig uppgift för Svärdsriddarna och Tyska orden. Hur svårt det se-

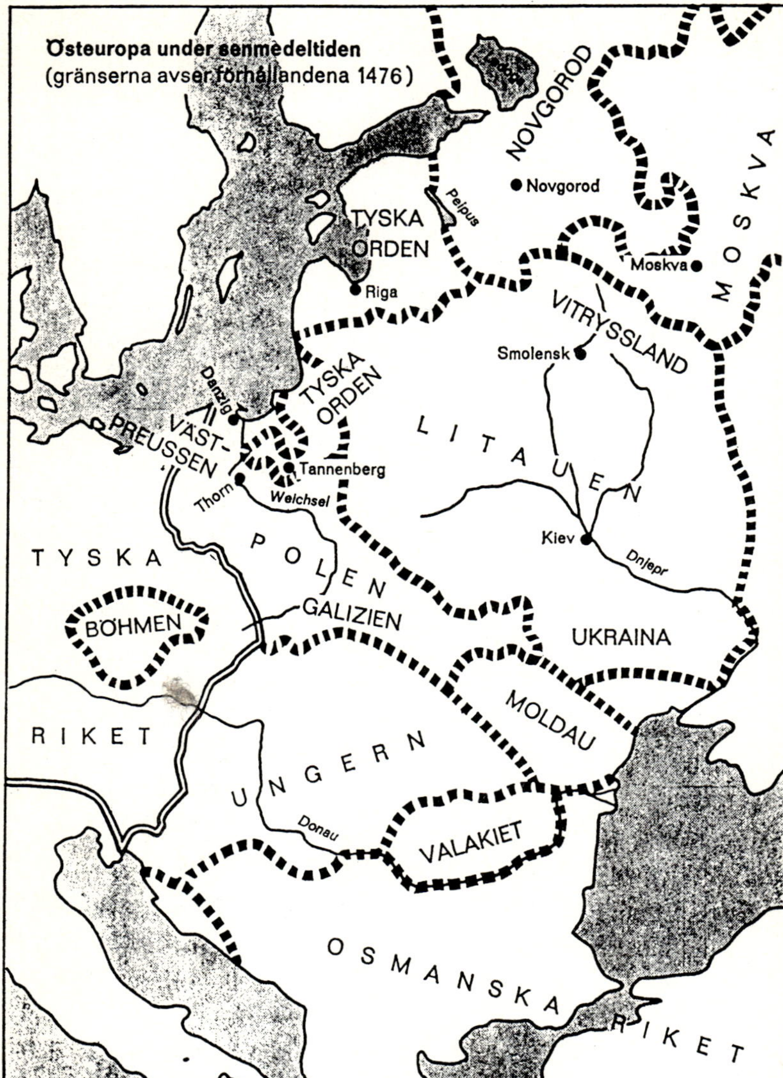

Litauen sträckte sig i slutet av medeltiden från Östersjön till Svartahavsområdet och var geografiskt en stormakt med Kiev, Smolensk och Vilna som naturliga centra.

dan blev för den lutherska läran att vinna anhängare bland redan etablerade religiösa riktningar framgår av en trovärdig skildring hos Artturi Leinonen om Raumopojken Johannes Jussoila, som studerat i Rom och en tid arbetade som katolsk präst i Vilna:

> När bodarna stängdes och köpenskapen var förbi fylldes gatorna av folk på väg till kyrkorna. Endast judarna stannade vid sina husportar och dörrar utan att bry sig om de kristnas förehavanden. Deras långskäggiga rabbiner i sina smutsfärgade kaftaner och svarta små mössor på hjässan utgjorde en bjärt kontrast till landsbygdens kvinnor i rödbrokiga kjolar och männen i sina mössor och fjäderprydda hattar. Ryska köpmän vandrade omkring i fotsida vida rockar, fast vädret var härligt varmt, och landsbygdens bönder gick klädda i halvlånga pälsar och skinnbyxor.
>
> (Övers. av förf.)

Det var på hertig Johans tid, då Litauen och Polen svor varandra trohet i egenskap av två brödrafolk, som det hette i unionsfördraget. De skulle bilda en enda odelbar helhet bestående av *en* nation men *två* stater, förenade i ömsesidig broderskärlek till Guds eviga ära . . .

Trots alla goda avsikter förbleknade bilden av Litauen alltmera vid sidan av Polen och småningom också vid sidan av det vaknande och växande tsarväldet. Europas sista indianer levde nu mellan två sköldar men ingendera ville skydda dem.

Efter det svenska stormaktsväldets fall i Baltikum förvärrades den litauiska bondebefolkningens läge ytterligare. Spannmål exporterades inte längre utan brändes till vodka — ett monopol för godsen — krogarnas antal växte på landsorten på bekostnad av skolornas, livegenskapen tilllämpades efter egna metoder och förgottfinnande, de agrara reformerna uteblev och industrialiseringen bromsades av Litauens militärt utsatta läge ända inpå 1800-talet. Kaunas förblev en fästning och Vilna en genomfartsort.

En finsk forskare, A R Niemi, har till sin skildring av den litauiska litteraturens uppväxtår fogat några sammanfattande rader:

> I början av 1800-talet var läget följande: högadeln och den lägre adeln samt prästerskapet hade övergått till det polska lägret medan borgerskapet bestod av framför allt judarna och ett polniserat mellanskikt; lantbefolkningen levde i livegenskap. Förvaltningens språk var polska, böndernas språk var den ringaktade litauiskan. All makt, rikedom, bildning o.s.v. låg hos överklassen. Den ryska tiden medförde inga nämnvärda förändringar i dessa förhållanden: regeringen bevarade överklassens privilegier och behandlade bönderna som sina egna livegna.
>
> (Övers. av förf.)

Trots dessa dystra förhållanden, eller kanske som ett slags motvikt till dem, visade napoleontidens Litauen tecken på ett gryende nationalmedvetande. Att den som lyfte fram det var en diktare är ingenting märkligt i sig men att han senare blev känd som Polens — och inte Litauens — nationalskald är värt att notera. Särskilt som en av hans mest kända dikter inleds med orden »Litauen, mitt fosterland!»

Polens store skald Adam Mickiewicz gjorde aldrig någon hemlighet av sin härstamning. Liksom Milosz var han född i Vilna, men i en familj med vitrysk bakgrund. Om honom heter det i Niemis litteraturhistoria från år 1925, att den fosterländska stämningen fick sin förnämste tolk i den store *polske* författaren Adam Mickiewicz, vars diktning kom att få en stor betydelse för *litauerna* ända in på 1900-talet. Om hans brett upplagda, frodiga folklivsskildring »Pan Tadeusz» har det sagts att den påminner om Ki-

vis Sju bröder. Men de agerande är inte polacker utan litauer. De bara talar polska. Och deras öden skildras på polska av en man som ägnade hela sitt liv åt Polen och dess frihetssträvanden även om han aldrig satte sin fot i Warszawa. Före sin död tvingades han uppleva att de tsarryska myndigheterna förbjöd bruket av namnet Litauen.

Men namnet skulle återkomma. Medan Ryssland var upptaget av motgångar i fjärran östern mot Japan upphävdes det 40-åriga förbudet mot litauiska trycksaker, egna tidningar blev tillåtna, egna skolor och andra institutioner växte upp på nationell bas. Detta var år 1904. Året därpå krävde litauerna en egen armé, egna mynt och en vidsträckt autonomi. Då svaret blev nekande utropades här och där en oberoende litauisk republik. Men detta försök till resning kuvades lika snabbt som det börjat.

När första världskriget började tvingades ryssarna till återtåg, men lämnade brända byar bakom sig. Vad som sedan återstod övertogs för tre år framåt av tyskarna. Först efter kriget, år 1920, avstod Sovjetunionen från alla anspråk på Litauen, erkände dess självständighet och betalade krigsskadeståndet. Då hade landet ungefär två miljoner invånare; 85 % var katoliker och 80 % fick sin utkomst inom lantbruket. Närmare en miljon hade emigrerat, de flesta till USA.

Den oväntade utveckling som under de senaste åren har återgett oss Litauen som en välkommen vän i kretsen av gamla Östersjögrannar har varit ägnad att understryka informationens växande roll i umgänget. Under de två decennierna av självständighet berättade sporadiska tidningsnotiser endast om allvarligare kontroverser mellan Litauen och dess närmaste nabor, sedan följde annekteringstiden med dess isolering och nästan totala tystnad, då de tre baltiska republikerna otroligt snabbt smälte samman till en sovjetisk enklav utan egna konturer, och nu senast frigörelseperiodens hektiska helsidesrubriker och färska reportage i ord och bild.

Mången minns rubriken: »Första flerpartistaten. Litauen visar vägen i Baltikum.» Och den efterföljande textens ord om att parlamentet med 243 röster mot 1 och 39 nedlagda godkänt den nya linjen. Vi minns också vad som sedan hände.

De människor vi nu har sett resa sig har till det yttre föga gemensamt med den lantallmoge som för hundra år sedan tvingades buga och böja sig, men utan en levande känsla för den egna identiteten skulle väl knappast någondera processen varit möjlig.

Den identiteten förtjänar vår uppmärksamhet, inte bara

i ljuset av litauernas vilja och förmåga till pånyttfödelse utan också därför att den är en inbyggd del av oss själva. Nyare forskningar har nämligen visat att omkring en tredjedel av det förråd av gener som naturen utrustat vår generation med pekar mot Baltikum, liksom en annan tredjedel lär peka västerut. Det vore alltså både otacksamt och orättvist att tyst förbigå en sådan andel av vårt eget arv. Dessutom har finskan som ett bevis för sina egna baltiska kontakter inom sig upptagit en hel del lånord från sin indoeuropeiska granne litauiskan. De härstammar från den tid då litauernas förfäder redan bodde vid Östersjön och hade nått en tillräckligt hög kulturnivå för att kunna dela med sig av det goda bland annat till de längre österut i inlandet boende finnarna. Våra förfäder blev i allt väsentligt den mottagande parten och »Europas indianer» den givande.

När professor Paavo Ravila hos oss som exempel på det-

Det litauiska statsvapnet från republikens tid.

ta nämnde ordet *meri* för begreppet *hav*, som ju var något okänt hos stammarna långt inne i det nuvarande Ryssland och därför inlånades från de vid kusten boende balterna, tillade han att just de långvariga kontakterna med balterna för första gången band våra förfäder vid den kulturkrets som sedermera blev deras egen. Andra lånord från litauiskan lär vara *härkä* (oxe), *vuohi* (get), och *paimen* (herde), *tytär* (dotter), *morsian* (brud) och *seura* (sällskap) — det gäller alltså mycket centrala begrepp. Till samma grupp av lån har också räknats orden för gröt, *puuro*, och svordomen *perkele*. Men hur våra kära förfäder kunnat reda sig utan dem är en gåta.

Krigets hantverkare

Det är en trivial sanning att många böcker tål och t.o.m. blir bättre av att läsas två gånger, kanske flera. Den låter mindre trivial i en motsatt formulering: många och särskilt äldre läsare skulle må bra och bättre av att oftare söka sig tillbaka till sina ungdomsbekanta i bokhyllan. Då är de redan till åren komna, både läsarna och böckerna, och kan följaktligen umgås som gamla vänner.

Skolböckerna är en kategori för sig; att på gamla dagar bläddra i sina avlagda läroböcker i historia har en alldeles säregen charm. Frågan är om de inte är lärorikare att läsas av oss, den äldre generationen, än det var för oss i skolan. Dels får vi vuxna läsa dem utan tvång och läxor, dels kan de fylla ut luckor här och där och lära oss inse hur förenklad den dåtida sanningen var, och hur färglagd den dåtida verkligheten.

Eftersom denna betraktelse är avsedd att behandla legosoldaternas tillvaro för länge sedan kan ett par exempel ur krigshistorien försvara sin plats. Och varför inte då börja med Xenofon och hans Anabasis, som just ur den synpunkten anses så givande.

Vi plöjde igenom några grekiska sidor på skolbänken. Och nu erfar jag vid förnyad läsning med viss besvikelse att de tiotusen som Xenofon var med om att leda tillbaka under det fem månader långa historiska återtåget till de grekiska hemtrakterna, till största delen var löst folk som med krigaryrket som hantverk dragit långt österut för att slåss mot Artaxerxes, den persiske satrapen, därtill lockade av den goda betalning för besväret som Kyros, hans egen bror, hade ställt i utsikt. Det var något helt annat än den idealiserade krigshistoria vi fick lära oss en gång, med Dexippos, Akilles och Agamemnon och andra hjältar som vi mötte i skolan, kämpande för sina höga ideal. De tiotusendes ideal hade varit egen vinning och lust för äventyr. Enligt uppgift var de i första hand legosoldater från det nuvarande Grekland, som för ett överenskommet dagtraktamente övergett hus och hem för att döda eller dödas.

Ur den nya arbetsgivarens synpunkt var främlingarna mycket välkomna. Liksom gästarbetarna från en mängd illa lottade länder i våra dagar har utnyttjats i mottagarländernas industrier, placerades antikens hemlösa arbetskraft ofta i arméerna. Som rotlösa hade de inte någon besvärande hemlängtan eller politiska sympatier åt något olämpligt håll och de kunde anförtros bevakningen av viktiga borgar året runt, då de inte behövdes hemma för att skörda druvor eller oliver när den tiden var inne. Onda tungor lär ha spritt ut rykten att alla krig med legotrupper hade en tendens att dra ut på tiden, eftersom soldaterna var ängsliga för att det skulle bli fred!

Om bilden av den klassiska antikens krigsväsen inte är så marmorskimrande som många föreställt sig, finns det i alla fall en detalj som förtjänar intresse. Med tanke på att majoriteten av det atenska samhällets befolkning bestod av slavar och andra ofria låg det nära till hands att mot betalning utnyttja dem i interna eller externa stridigheter som ett slags förlängning av slavarnas skyldigheter.

Men där stötte man tydligen på en oöverstiglig etisk gräns: då slavarna ofta tagits som fångar under krigiska expeditioner eller köpts som icke-greker på den allmänna marknaden kunde de inte väntas ha något intresse för Atens eller någon annan orts frihet. Skyldigheter hade slavarna bara gentemot sina arbetsgivare, de skulle bygga skepp och murar om så krävdes, men öppen strid väntade sig ingen av en slav. Det var sådant de bättre lottade och medborgarsoldaterna skulle syssla med. En atenare som utnyttjade sina slavar till exempel som roddare på krigiska expeditioner i övärlden betraktades av sin omgivning som en respektlös pirat.

Bruket av besoldat folk ökade, sägs det, i samma mån som den allmänna oron i samhället tilltog. Bristen på balans, politisk, social eller ekonomisk, gagnade en del kretsar och kunde lämpligen göras än värre om främmande vapen sattes in. Andra hade intresse av att återställa balansen men också det skedde behändigast med vapen i hand, egna eller andras.

Den grekiska övärlden mellan öst och väst, med sina här och där utspridda stads- eller småstater, som enligt grekisk tradition ivrigt bevakade och bekämpade varandra, var naturligtvis en utmärkt grogrund för oro, maktförskjutningar och oväntade angrepp. Som exempel kan väl det peloponnesiska kriget och den katastrofala expeditionen mot Syracusa duga. De efterlämnade hopar av arbetslösa soldater.

Sambandet mellan orostider och legotrupper bestyrks av de romerska kejsarnas besvärligheter att hålla sig kvar vid makten, när deras gamla imperium knakade i fogarna och antikens tidevarv gick mot sitt slut. Kejsarnas framgångar eller motgångar med de norrifrån hotande »barbarerna» berodde på legionerna, vilka i sin tur stödde ledare som var populära för att de betalade soldaterna punktligt och frikostigt — eller i varje fall lovade göra det. När den förre kejsaren, utsatt för samma tryck, hade lämnat kistorna tomma måste nya mynt fås fram i brådskande ordning, helst innan trupperna övergick till plundringsstadiet och helst med en bild av den nye kejsaren.

Så bar det småningom utför mot den nästsista akten i

imperiets historia. Kejsare och makt och välfärd, soldater och pengar drabbades av en inflation, som snart urholkade samhällets motståndskraft inifrån. Man följde den högstbjudande. Det allmänna, staten, betalade varken sold eller pension och sköts därför som mer eller mindre överflödig alltmera i bakgrunden.

I den sista akten ser vi Rom överlåta makten till sin efterföljare Konstantinopel.

Utan att helt förlora fotfästet i den geografiska verkligheten kan man dra vissa paralleller mellan det förvittrande imperiets siste kejsare och de militära herrar, generalkaptener och kondottiärer som ett tusental år senare styrde och ställde i norra Italien. Även om en del av de värsta bannlystes av påvemakten såsom »ondskans söner», okänsliga för Guds vrede, har andra fått kyrkans förlåtelse och samtida monument resta till sin eviga ära. Mest känd är väl den imposanta ryttarstatyn över Bartolomeo Colleoni i Venedig, i skuggan av en kyrka, rest knappt tjugo år efter generalkaptenens död 1475.

Förbivandrande turister läser i sina broschyrer om Colleonis segrar än i Venedigs och än i Milanos tjänst, och hur han till slut testamenterade en del av sin egenmäktigt rövade förmögenhet till den venetianska republiken för att den skulle resa en staty till hans minne. Som väntat blev monumentet imponerande, både ryttare och häst andas trotsig maktlystnad, det är en hyllning till den hänsynslöse härskaren. Sådan var samtidens syn på sin kondottiär, så ville man att eftervärlden skulle se Venedigs generalkapten, överbefälhavaren på sin stolta häst.

Denna eftervärld skänker Verruchio sin beundran för en storartad staty men ställer sig kanske en smula frågande till dess placering alldeles intill kyrkan Santi Giovanni e Paolo. En av frågorna och en mycket betydelsefull sådan är om venetianarna för femhundra år sedan såg någon kontrast i en sådan konstellation. Var inte fullkomlighet och makt det yttersta målet också för dogerna i deras palats liksom för prelaterna i sina praktfulla skrudar innanför tempelmurarna?

Mindre känd är Sir John Hawkwoods minnesfresk över portalen till katedralen i Florens. Hur som helst, vi har här att göra med en särpräglad form av besoldade friskaror, ofta kallade kompanier men med styrkor på upp till många tusental man, mäktiga nog att erövra 1300- och 1400-talens republiker och furstevälden i Italien. Eller att skydda dem. När de för eftervärlden blivit kända under benämningen kondottiärer beror det på den juridiska överenskommelsen (»condotta»), som reglerade förhållandet mellan den högsta ledningen för ett visst civilt område och dess betalda »skyddsvakt». Överenskommelsen undertecknades bara för en viss tid varefter det stod den militäre ledaren fritt att övergå till motståndarnas läger. Om någondera parten kände sig stark nog kunde kontraktet givetvis brytas när som helst, med oöverskådliga följder. Detta förklarar hur nyss nämnde Hawkwood kunde ställa sina styrkor till Florens förfogande mot Pisa eller tvärtom till Pisas förfogande mot Florens, till Milanos förfogande mot Rom eller Roms förfogande mot Milano, eller någon annan stad, och så vidare. Att furstehusen inte med egna vapen ville tillvarata sina militära intressen hade sin grund i den allmänna välfärden. Med tanke på borgerskapets blomstrande handel tedde det sig tydligen både enklare och billigare att mot en viss summa delegera krigandet till yrkesmän. Billigt var det inte; Barbara Tuchman säger att »insamlandet av pengar för att betala krigsutgifterna skulle förorsaka 1300-talet fler skador än det egentliga krigets förstörelse».

Ju fattigare småfolket blev, desto förmögnare blev kondottiärerna, bland dem också Sir John. När han lämnade sitt enkla barndomshem i södra England för att som soldat söka sin lycka söder om Kanalen tydde ingenting på att hans bana skulle krönas med rikedomar, adelskap och titeln hedersborgare i Florens.

Under trettiofem år ledde han sina krigare med slughet och hårda tag; de gav honom namnet *Giovanni acuto.* När hans trupper kallades »vita kompaniet» lär det ha berott på den vitskimrande glans som rustningarna utstrålade och som gav deras bärare ett nästan spöklikt utseende. I krig medförda betjänter, två för varje man, hade i uppdrag att polera harnesk och andra skyddsplåtar tills de blänkte, och att i närstrid ta hand om hästarna för att låta sina herrar helt ägna sig åt sitt yrke.

Men så långt gick det inte alltid. Det låg en hel del prestige i kondottiärernas tillvaro, deras trupper tjänade som hot om anfall och vedergällning, som pant för vänskap och vapenskydd. Ett stadgat rykte om brutala bravader kunde vara nog för att påtvinga närliggande rivaler en låg profil.

Ett sådant rykte hade till exempel en viss Guarnieri, »fiende till Gud, barmhärtigheten och medlidandet». Ännu sämre — kanske t.o.m. sämre än sitt rykte — var den f.d. franciskanermunk som, har det sagts, lyckades samla omkring sig ända upp till 30 000 man, löst folk för det mesta, förutom soldater även »skrivare, musikanter, köpmän, penningväxlare och prostituerade». För en sådan ledare lär Venedig ha betalat 150 000 guldfloriner. Men glädjen blev inte lång; han arresterades, torterades och halshöggs vid foten av Capitolium.

Kondottiärens bana gick ofta mycket snabbt uppåt men ändå snabbare nedåt. Sir John var egentligen ett undantag, han blev gift med en av Milanohertigen Galeazzo Viscontis döttrar och fick 10 000 floriner i hemgift. Det lär visserligen ha funnits trettiosex döttrar till hertigen, de flesta illegitima, men i alla fall . . .

Bertrand du Guesclin enligt ett porträtt av A. de Neuville i L'Histoire de France, 1870. Lägg märke till den dubbelhövdade örnen på ryttare och häst.

En av de allsidigaste bovarna i detta färgrika galleri av våra europeiska förfäder, värd högsta priset också som skojare, var Bertrand du Guesclin, som mest opererade i Frankrike och Spanien. Hans förehavanden finns upptecknade i en gammal krönika, givetvis flitigt utnyttjad av Barbara Tuchman i hennes outtömliga 1300-talsbok. Då källorna ofta är besvärliga, lämnas här en provkarta på adjektiv belysande du Guesclins karaktär — i den mån det finns skäl att tala om en sådan.

Först utseendet: »plattnäst, mörkhyad, kortväxt och grov», sedan egenskaperna: »lymmelaktig, skicklig i bakhåll och krigslister, i mutor, i tortyr och dråp på fångar, hänsynslös, modig, våldsam, hård, opålitlig, samvetslös . . .»

Någon oenighet om arten av hans läggning torde inte uppstå. För att bespara läsaren hans sällskap under någon längre stund skall här återges bara ett exempel på hans sätt att tjäna den franske kungen Karl V. Denne hade utnämnt Guesclin till befälhavare för de blandade styrkor som skulle sprida det franska väldet söderut. En förevändning för väpnat anfall fann man i de spanska morernas förmenta våldshandlingar mot de kristna i Granada. Expeditionen maskerades alltså som ett Gudi behagligt korståg.

Soldaterna fann emellertid det ekonomiska utbytet osäkert och onödigt avlägset varför de marscherade till Avignon för att av påven kräva pengar i förskott. Där restes tälten i Villeneuve på motsatta sidan av Rhone och bud sändes via en kardinal till det påvliga palatset: för det första väntades den Helige Fadern befria soldaterna från deras synder och ogärningar sedan födelsen och för det andra skänka dem 200 000 franc i »resekostnader». du Guesclin underströk för säkerhets skull att det var fråga om ett krav och att ett nekande svar kunde få fatala följder för Avignon med omnejd.

Den villrådige påven lät svara att soldaterna nog kunde

beviljas absolution, trots att de begått alla nidingsdåd man överhuvud kan begå och fler än någon kunde skildra. Han hade blott ett villkor: att trupperna omedelbart skulle lämna landet. Vad pengarna beträffar fattades ett beslut att låta borgarna samla ihop den begärda summan genom att pålägga dem extra skatter.

Så skedde. Men när du Guesclin erfor att ortsborna blivit lidande vägrade han att motta pengarna. Varje slant måste återbetalas och nya hämtas i påvens egen skattkammare.

Så fick du Guesclin sina resekostnader ersatta och mera därtill. Påven stod vid sina fönster och såg ut över Rhone när legotrupperna avtågade, medförande allt de kunde

Soldat med s.k. hakebössa som tändes med en krutladdning. Därför måste skytten bära med sig en brinnande lunta. Bössan avfyrades stödd på en medhavd gaffel. Kopparstick av Johannes Bruhn.

bära ur gårdarna, höns och husdjur som vägkost, värdeföremål, vin, mynt . . . de hade ju redan fått syndernas förlåtelse och kunde börja på ny räkning. Varefter prästerskapet i Frankrike ålades betala en extra skatt för att ersätta den förlust som så oväntat hade drabbat det påvliga hushållet!

Men det skall i rättvisans namn tilläggas att det finns en annan bild av Bertrand du Guesclin; den börjar med att beskriva honom som ung adelsman och fortsätter med att återge en serie krigiska triumfer, värda ett äreminne. »Han var hundraårskrigets största hjälte i Frankrike.»

Hur som helst var hans karriär ett undantag. Den visar hur en man med vapnens hjälp kunde bryta sig väg genom det feodala samhällets många skiljemurar ända fram till kungens middagsbord. När han dog 1380 — mot alla höviska regler på sjukbädden och inte på slagfältet — lär han som den förste icke-kungliga ha hedrats med ett gravtal, varvid orden valdes ur det bibliskt kända uttrycket »nominatus usque ad extrema terrae» — han hade gjort sig känd till världens ände. — Det frågades inte efter medlen.

Sedan tog legenderna hand om hans minne. En ring som han brukade bära återfanns senare på Jeanne d' Arcs finger . . .

Vår nedärvda uppfattning av legoknekten som en skum och stridslysten äventyrare tål att kompletteras: yrket kände inga gränser på vägen framåt och uppåt, det kunde utövas i många förklädnader och på många nivåer, ibland i trasor och ibland i glänsande rustningar under egna adelsbanér. Sådan har människan varit, sniken efter pengar och ära.

Denna defilad av besoldat folk, från 1300-talet ända fram till det trettioåriga krigets slut, då statliga arméer med kanoner började ersätta de brokiga friskarorna, saknar inte helt försonande drag. Ett av dem är, paradoxalt nog, den idealbild som legosoldaten skapade av sig själv, kanske som en motbild till det outhärdliga kriget. Under en tid då tyska Landsknechte och schweiziska igelkottstrupper, skotska överstar med sina vildhjärnor och annat löst folk genomströvade det krigsplågade Europa, uppstod ett slags skönmålning av krigaren som en fri man, som den ende verkligt frie mannen, herremannen, som gjorde vad som föll honom in och tog vad han ville ha, som ingenting hade att förlora men allt att vinna. Det är så han länge levde kvar i ordspråk och sånger, han var varken herre eller dräng utan fri som luftens lärkor eller vägens vagabonder; till och med fosterlandet bar han med sig, det följde honom var han än drog fram —

»Der Krieg ist mein Vaterland,
der Harnisch mein Haus
und allzeit streiten ist mein Leben.»

Kriget är mitt fosterland,
mitt harnesk är mitt hus
och i alla väder
är krigandet mitt liv.

Berövade rim och rytm och ett visst förskönande skimmer av sorglös frimodighet blottar de tyska landsknektarnas visor få bestående glädjeämnen. Det centrala temat är kampen för tillvaron. Här ett exempel från Weimar, de första raderna ur »Landsknechts Sitt' und Brauch».

»Nimm dirs ein Mut, Tracht nit nach Gut,
Lass niemands von dir erben,
Kauf nichts ins Haus, Tracht nur heraus,
Thu Weib und Kind verderben!
Nimm darnach einen Orden an,
und werd ein freier Kriegesmann,
Such dir ein reichen Herren,
Willt du das Kriegen lernen.»

En landsknekt skulle inte samla sig skatter på jorden, varken hustru eller arvingar skulle belasta hans tillvaro; krigandets konst lärde han sig bäst i en rik herres tjänst.

Sådan var alltså landsknekten, sedd på nära håll och i sina egna visor.

På krogen är han en trägen gäst,
som äter mest och dricker bäst.
Men krögarn kräver borgen,
det är den största sorgen.

I bondgår'n tar han vad han vill,
kött och ost och annat till,
en kanna vin i magen,
mat för morgondagen.

(Övers. av förf.)

Det är lätt att idag, drygt trehundra år senare, kalla en sådan bild både förskönad och förljugen. Vi kan ju knappast föreställa oss den dåtida verkligheten. Ett är säkert: plundrandet ingick som ett naturligt led i legosoldatens tillvaro. En stormad stad väntade sig ingenting annat än några dagars total laglöshet vare sig den eller något annat fanns fastställt i de segrandes anställningskontrakt eller inte. Ett reglemente från 1570 lär ha upptagit ett par hundra paragrafer om soldaternas rättigheter och skyldigheter. Men hur många visste att de existerade och vad de innehöll?

I diverse handledningar uppmanades »krigsfolket» att skaffa sig vida och varma kläder, helst utan skinn — för att undvika löss och annan ohyra. Men dessutom fanns där uttryckt ett önskemål om glada och granna färger, rött och gult etc. av den typ som ännu idag kan beundras hos schweizergardet på vakt vid Vatikanens portar. Därigenom uppstod ett överdimensionerat och práligt soldatmode, ganska överraskande i sitt snudd på snobberi med tanke på dagens till ytterlighet förenklade uniformering.

Flöjten och trumman och de granna dräkterna skulle locka frivilliga under fanorna. Radering av Rudolf Meyer, Kunstsammlungen Veste Coburg.

Men det var mindre förvånande under en tid då det gällde att demonstrera soldatens bekymmerfria liv vid sidan av skatter och andra pålagor. Klädseln hade en gynnsam effekt vid värvningsproceduren, den lockade till fanorna när trummorna ljöd på städernas torg och utanför landsbygdens värdshus, den höjde soldatens status i förhållande till omgivningen. Borgaren förbleknade till en tråkig och oföretagsam krämare och bonden till en tölp som i ord och gärning kunde behandlas hur som helst. Båda kunde för sina synders skull kastas i fängelse medan soldaten kunde dömas bara av egna domare — om sådana mot förmodan råkade finnas i närheten. Och försvann han till skogs genast efter sin första handpenning — eller till närmaste krog — var det inte så mycket man kunde göra åt det.

Mest utsatt var bondebefolkningen, såsom Herbert Langer i ord och bild har påvisat i sin kulturhistoriska skildring av det trettioåriga kriget. Särskilt när vintern närmade sig och överstarna nöjde sig med att anvisa vissa områden, där soldaterna efter bästa förmåga skulle parasitera, söka sig tak över huvudet och mat i magen, och detta i en omgivning där de ofta var fullständiga främlingar.

En av dem vi har att tacka för en förstahandsskildring är den tyske författaren von Grimmelshausen, far till den alltjämt så levande »Simplicissimus» eller, för att uttrycka saken mera exakt, till »Abentheuerlicher Simplicius Simplicissimus» från 1668, en »utförlig, rätt upptecknad levnadsbeskrivning över en enfaldig, underlig och sällsam vagant vid namn Melchior».

Det är alltså inte krigiska bragder och hjältemod läsaren skall vänta sig utan Den Stora Enfalden; en drastisk humor får han på köpet. Skildringens värde ligger inte minst i det självupplevda; författaren hade deltagit på de kejserligas sida och bland annat blivit tillfångatagen av svenskarna. Han kan göra anspråk på att bli trodd när han i det sista sammanfattande kapitlet i en dialog med sig själv frågar sig vad han egentligen fått ut av livet. Många var säkert de soldater som instämde i det undergivna och smått melankoliska svaret:

> »Ditt liv har inte varit liv utan död. Dina dagar voro skuggor, dina år en otäck dröm. Du har begått många synder, du har följt i krigets spår genom mångahanda faror. Du har upplevt mycken lycka och mycken olycka. (— —) Men, du arma själ, vad har du fått ut av denna långa resa? Du har inte vunnit något annat än detta: Mitt hjärta är tyngt av sorger, jag är för lat, trög och fördärvad för att göra gott. Och det allra värsta: Mitt samvete är ängsligt och överlastat, jag är överhopad med synder och avskyvärt besudlad. Kroppen är trött, förståndet förvirrat, oskulden förlorad, min bästa ungdom

försvunnen. Det finns ingenting, som nu kan glädja mig. Jag är olycklig och min egen fiende.»

(Övers. Holger Nilsson)

Den stackars Simplicissimus väg genom livet var utstakad enligt den klassiska formeln om bröd och skådespel. Solden var hans bröd och kriget var hans skådespel. Ingendera skänkte honom varaktig lycka.

Liknande förutsättningar skapade liknande människoöden överallt i Europa. Om det inte var pest och farsoter som drev mänskor från gård och grund var det kanske religiösa förföljelser eller hungersnöd. Medan i ett land hela byar lämnades tomma när biskopen manade de vapenföra

Legoknektarna gör rent hus i byn medan bonden försäkrar att han ingenting mera har att ge. Kopparstick av Rudolf Meyer, Staatliche Sammlung, München.

ut i strid mot turkarna eller ända till den Heliga graven, kunde i ett annat land samma öde drabba bygder där en legohär upplöstes lämnande hela horder av hemlösa vandrande längs vägarna utan stort hopp att någonsin få återse sina familjer. Landsknektarna och deras gelikar var bara ett uttryck bland många för en livsform som en gång delades av många men lyckliggjorde ingen.

Samtida skrifter visar upp avvikande versioner av samma människoöde. Bland dem är tre skojare gömda i tredje akten av Shakespeares Henrik V. För publiken presenteras de utan nämnvärd aktning av en frispråkig pojke som går deras ärenden. En är »vit i levern och röd i syna» och kunde varken blekna eller slåss. Den andre har en dräpande tunga men ett menlöst svärd och bryter hellre löften än lansar. Den tredje har spräckt bara en skalle, nämligen sin egen — mot en dörrpost en gång när han var full. Alla stal som korpar allt de kom över och kallade det lovligt byte.

Det var väl naturligt att befolkningen i soldaternas omgivning klagade hos den militära ledningen. Så skedde också — av alla tänkbara orter — i vårt eget lilla Borgå hösten 1555, då Gustav Vasa vistades där. Den gången riktade sig missnöjet mot krigsfolk i Helsingfors, och klagomålen resulterade i ett brev från kungen den 12 november, vari han i faderliga ordalag förbjöd rofferi och våldgästning.

I detta fall hade vi alltså besoldat krigsfolk inpå knutarna, eget eller främmande.

Kungens brev från Borgå inleds med följande förmaning:

> »Vi Gustav giva eder, våra trogne tjänare, knektar och båtsmän, som vid denna tid äro uti Helsingfors, härmed tillkänna, att det har kommit till vår vetskap, att några ibland eder skola hava hållit sig i sina härbärgen, där de blivit förlagda, icke såsom ärliga karlar ägnar och bör, utan pockat och snorkat, desslikes ock överfallit sina

värdar och värdinnor med hugg och slag och icke velat vara tillfreds eller låtit sig åtnöja med den del, som borgarna hava haft råd till att låta dem få, utan velat vara fulla och svärmat både nätter och dagar utan återvändo etc. Så må I väl veta, goda karlar, att vi icke låtit föra eder hit till denna landsända Finland för några gästabuds skull, mycket mindre till att överfalla och begå oförrätter mot våra fattiga undersåtar, där I dragen fram, utan för att I skulle förhindra och manligen avvärja all orätt och övervåld, som de omilda och okristna ryssar hava i sinnet att tillfoga våra förut nämnda fattiga undersåtar i denna landsända.»

Drottning Blanche och hennes smeder

I hallen i mitt karelska barndomshem hängde en tavla som länge sysselsatte min fantasi. Den föreställde, av hållningen att döma, en förnäm dam sittande på något som liknade en tron och med ett barn i knät, en välkammad pojke som tycktes gunga i takt med moderns ohörbara sång.

Tids nog hörde jag också orden: Rida rida ranka . . .

Eftersom pojken var klädd i glänsande sammet och då också hans mor bar kläder jag aldrig sett tidigare, förstod jag att tavlan inte hade med vår egen släkt att göra. Det sades att hon var drottning, något jag inte kunde tro på då hon saknade krona. Ingen talade om barnet.

Gåtan som sysselsatte mina tankar gällde namnet: hur kom det sig att den förnäma damen hade alldeles samma och därtill ovanliga namn som hästen i visan man sjungit för oss barn . . .

> Rida rida ranka
> hästen heter Blanka,
> liten riddare så rar
> ännu inga sporrar har . . .

Och så vidare. Det tyckte jag var konstigt.

Långt senare insåg jag att detta tidiga möte med drottning Blanka var mitt första möte med Belgien. Hon var ingen annan än den svenska medeltidskungen Magnus

Erikssons gemål från Namur i nuvarande Belgien, mor till sönerna Erik och Håkan, och det var Håkan som red på hennes knä. Hon dog år 1363, står det i böckerna, men lär än idag stå staty på torget i sin vallonska hemstad.

Hade drottningen kanske visan med sig upp till Norden? Eller red kung Magnus ner till Namur för att fria? Det finns ju en anonym visa med gamla folkliga rötter:

> Rida rida ranka
> hästen heter Blanka,
> vart ska vi rida?
> Resa bort och fria
> till en liten pia . . .

Vi låter frågan gå vidare.

De som vet besked har bakom den förnäma damen på tavlan i mitt barndomshem tyckt sig finna Zachris Topelius' berättelse i »Läsning för barn» och påpekar att visan om drottningen och hennes lille prins utan sporrar härrör från en lärd i Lund, docenten Hans Henrik Hällbäck (död 1875), antingen han sedan fick sin inspiration av tavlan eller av Topelius' berättelse. Den börjar som alla sagor på den tiden: Det var en gång . . .

> »Det var en gång för mer än femhundra år sedan en liten konungason. Han hette Håkan och var åtta år gammal, vacker och ljuslätt, med de mildaste blå ögon och mjuka kinder, röda som äpplen. Hans fader, konung Magnus, rådde öfver allt Sveriges rike och Finland, med berg och skogar, sjöar och haf, städer och byar; hade många skepp och tappra krigshärar, stolta riddare, blanka svärd, stridshästar, bågar, lansar och blänkande rustningar. Där voro också många höga fruar och väna tärnor i konungens hof; men skönare och stoltare än någon annan var konungens gemål, drottning Blanca, den lille prins Håkans moder. Hon satt en dag i sitt

purpurklädda gemak i konungaborgen och höll den lille prinsen i sin famn. Han red på hennes knä, som barn bruka, och då sjöng den sköna drottningen:

Rida, rida ranka,
hästen heter Blanca . . .

Det var ju vackert af en så stolt drottning att vilja vara häst åt sin allra käraste lille pilt.»

Den topelianska versionen av drottning Blanche och den lille pilten slutar med de av otaliga sagoberättande mödrar upprepade orden: »Kungar, drottningar, prinsar och prinsessor, dö liksom andra; men vackra och glada visor dö icke: de rida ranka på sångens toner från släkte till släkte.»

Förutom sångens toner har eftervärlden, åtminstone hemma i Finland, också konstnären Albert Edelfelt att tacka för att drottning Blanche från Namur ännu för ett par generationer sedan var bättre känd än någon annan belgisk drottning — med undantag för Astrid, förstås.

Albert Edelfelt målade sin tavla i Paris när han var bara tjugotvå; som modell hade han en flicka från Elsass och det heter att han lånade henne sin egen mors anletsdrag — han var varmt fäst vid sin mor. Tavlan fick stort beröm och en framträdande plats på »Salongen», vilket betydde ett otal reproduktioner. En av dem hade alltså hamnat öster om Viborg, hos oss.

I egenskap av Magnus Erikssons gemål — så sägs det — följde drottning Blanche en gång med till Finland. Och därmed lämnar vi i dubbel bemärkelse den fasta marken under fötterna. Det heter nämligen vidare, troligen utan fäste i verkligheten, att drottningen på väg mot Åbo vid ankomsten till en av holmar omgiven stor fjärd i den sydvästra skärgården blev till den grad betagen av all skönhet omkring sig att hon i ivern slängde sin krona i vattnet. Sedan den dagen har man talat om Gullkronafjärden. Och den traditionen lär ännu trotsa forskarnas mödor att finna en annan förklaring. Många är de ortsbor, som sekel efter sekel har sett drottningens krona skimra i djupet.

Det är bara sakkunniga förunnat att hålla isär de folkgrupper som av gammalt bebodde drottning Blanches hembygder och som ännu idag bildar stommen i den fransk-holländsk-tyska mosaiken med skarpa kontraster i härstamning, språk och religion — för att inte tala om förmågan att acceptera sina grannar. Som utomstående är man böjd för att se någonting stimulerande i den brokiga skaran. Kanske vill man t.o.m. se mångfalden som en delförklaring till det rika galleri av konstnärer, vetenskapsmän och nydanare på olika områden, som skänkt den europeiska kulturen bestående värden. Namn som Erasmus Rotterdamus, Rubens och Rembrandt, Descartes och Hugo Grotius talar för sig själva.

Kanske kan man också tala om en viss tur med de handelspolitiska förändringarna i tiden. De geografiska upptäckterna bortom Atlanten och i det fjärran Österlandet jämnade vägen för nya initiativ, och när mängder av kunniga och inflytelserika judar lämnade inkvisitionens Spanien för att slå sig ner i Amsterdam och Antverpen, innebar det en ytterligare expansion. Den omfattade också Sverige.

Det har sagts att Göteborgs första stadsplan utarbetades med holländska Batavia eller nuvarande Indonesiens Djakarta som förebild och att Göteborgs styrelse påminde om ett holländskt handelskompani med utländsk majoritet; även med skottarnas hjälp förblev svenskarna i minoritet.

Däremot gick det trögare med expansionen därhemma. De nederländska frihetsrörelserna och uppgörelsen med spanjorerna drabbade svårast de sydliga delarnas katolska och franskspråkiga befolkning, vallonerna, med arbetslöshet som följd. För många familjer kom Sverige att bli något av en räddning. Om det har rått delade uppfattningar beträffande karaktären och omfattningen av den finska invandringen till Mellansveriges skogsmarker — värvning eller inte? — har den vallonska invandringen tveklöst betecknats som organiserad värvning, såsom för krigstjänst.

Och det var ju krig det gällde. Sveriges ambitioner som blivande stormakt krävde vapen och de bästa vapnen tillverkades av de vallonska smederna eller »dalarnas folk», om den tolkningen av namnet kan godtas. Men nu hade man varit tvungen att lägga ner arbetet.

Karl Kilbom återger i sin grundläggande undersökning »Vallonerna» några detaljerade exempel på själva invandringsprocessen. Ett av de äldsta kontrakten är från 1619 och gäller en man från Liège, för vilken köpmannen Louis de Geer lovade betala alla omkostnader om han ville komma över till Sverige för att framställa salpeter och krut. Några år senare gällde de Geers intresse inte enstaka specialister utan ett trettiotal skogshuggare. Vi träffar dem på notarius publicus kontor i Amsterdam, dit de rest för att underteckna ett avtal.

»I Guds namn, amen. I nådens år sextonhundratjugofyra måndagen den tjugonionde i månaden april före klockan tolv på dagen inställde sig personligen inför mig Simon Ruttens notarius publicus i staden Amsterdam, och i närvaro av å ena sidan den här i staden boende köpmannen Louis de Geer i mäster Willem Gillessons (de Besche) i Sverige namn och å andra sidan Nicolas le Dent, Ponselet de Dent och Johan Couchoy, alla tre kolare samman med — —» Här följer en mängd namn, varefter texten fortsätter: »samtliga skogshuggare, vilka parter ömsesidigt ha erkänt sig ha ingått följande avtal: — —»

I kontraktet, alltför omständligt för att här relateras, förband sig invandrarna att tjäna sin mäster under sex år i följd »troget och väl och med fullständig lydnad, vördnad och utan någon motsägelse, knorr eller opposition i allt som kan behaga honom att befalla dem». Avtalet omfattade såsom brukligt var också kvinnor och barn, samt fria resor fram och åter för de anställdas familjer.

Det var utan tvivel fråga om ett välfungerande maskineri för att anskaffa kunnig arbetskraft. Den seglivade föreställningen att vallonerna var särskilt fromma anhängare av den nyss av Luther renade tronläran som för att undgå katolikernas förföljelser sökte sig en fristad i Sverige, är troligen besläktad med den lika inrotade uppfattningen att i första hand religiösa motiv låg bakom Gustav II Adolfs krigiska företag på den europeiska scenen. Att i samband med vallonerna tala om en spontan flyktingrörelse är vilseledande, en sådan brukar inte ta vägen över notarius publicus. Man kan väl dessutom fråga sig i vilken mån Sverige överhuvudtaget ingick som en konkret del av menige mans uppfattning i trakterna kring Liège om geografin och varför någon frivilligt sökte sig långt bort hemifrån under pågående krig.

I stället får vi alltså acceptera invandringen som ett resultat av en regelrätt värvning av principiellt samma slag som för militära ändamål. Men i motsats till legosoldaterna kom bergens och dalarnas folk inte på yrkets vägnar i direkt konflikt med de mänskliga rättigheterna.

En medlem av släkten de Geer, som redan etablerat sig i Sverige, låter oss i ett bevarat brev till en vän därhemma förstå hur det kunde gå till när vallonska invandrare hälsades välkomna till landet:

»— — vi lever här i fred och betalar varken mantalspengar eller skatter — — Vad uppehället beträffar lever man här ännu ganska billigt.»

de Geers inbjudan visar att allt var väl förberett:

»Jag har gott och väl 10 smältugnar att ställa i ordning, masugnar upp till 8 st. och två kvarnar och 2 sågverk och även vapensmedjor, vidare skjul att lägga träkolet i. Skulle du vilja taga Jean Pasquey med dig och hans bror Urban, för jag kan inte klara mig utan hjulmakare. Ett dussin snickare skulle vara mycket nödvändiga, men huvudsakligast 2 eller 3 mästare för att leda arbetet. Det fattas mig också 2 hjulmakare om det finns möjlighet. Om du kunde taga med dig sex par goda kolare och lämpligt antal skogshuggare för att följa med dem, skulle du göra mig verkligt glad.»

Tack vare bristen på byråkrati fungerade organisationen med all önskvärd snabbhet och hjälpte något tusental hantverkarfamiljer på fötter. Året 1620 har nämnts som värt att minnas beroende på att arbetslösheten i Vallonien med anledning av krigsoroligheterna mellan Spanien och Nederländerna då förvärrades. Hårdast drabbades bergshanterarna och smedjornas folk i sina traditionella näringar, troligen nedärvda av keltiska förfäder med sinne för konsthantverk. En lycka i olyckan var att Sverige samtidigt var i stort behov av smeder och dessutom kunde bjuda på råmaterial i mängd, skogar, malmer och vattenkraft.

Invandrarna lockades också med många privilegier; de befriades från skatter och krigstjänst, de fick ha egna präster och ombud vid rättegångar och behandlades i allmänhet efter förtjänst — i varje fall med största försiktighet. Helt naturligt, eftersom deras vapensmedjor gömde på en hel del hemligheter.

Vallonerna visste sitt värde och blev därför betraktade med både avund och misstänksamhet av den lokala befolkningen. »Inte sällan satte de hårt mot hårt i sina krav på bättre förhållanden», heter det i en nyss utgiven skrift om Finspång, »vid ett tillfälle mötte de Louis de Geer med stenkastning, då han sökte tala dem till rätta.»

Bergshanteringen sådan den bedrevs av de inflyttade vid stora och bränsleslukande ugnar var föga miljövänlig och fick ödesdigra följder för en annan grupp av invandrare. Bara någon generation tidigare hade Sverige tagit över finnar som fått tillstånd att svedja och på annat sätt göra nytta för sig i de blivande finnskogarna. När kronan nu flyttade över valloner som var beroende av virke för sin vapenproduktion steg skogarnas värde snabbt, med påföljd att det som nyss hade varit önskvärt nu måste förbjudas som olagligt och riktat mot kronans intressen.

En hel del finnar blev tvungna att överge sina nya hemtrakter och söka sin utkomst på annat håll. Men när nöden

En fasadritning av Fiskars masugn sändes till Stockholm 1762. Då arbetade vid bruket en hel »kammarbesättning» från Roslagen med bl.a. smältaren Clas Pira, räckaren Michel Gilliam, mästersvennen Noe Tillman, räckardrängarna Jean Pouse och Jean Dardanell, smältaren Bonnevier och kolpojken Giers.

var störst var hjälpen nära. Vid samma tid öppnades nämligen portarna till Nordamerika och utvandringen tog fart; många hemlösa från finnskogarna anmälde sig för överskeppning till Delaware. Samtidigt sträckte sig det vallonska inslaget ut över Sveriges gränser och vann fotfäste i rikets östra delar. Några invandrare följde nämligen med sin hantering till sydligaste Finland. Kilboms bok upptar ett kapitel med rubriken »Vallonerna i finsk bergshantering» där författaren påpekar att antalet vallonättlingar är mindre än i Sverige men »dock långt större än man i allmänhet föreställer sig».

Här kan tilläggas att man i allmänhet inte föreställer sig något alls; kunskapen om och intresset för vallonerna begränsar sig i Finland till deras egen krets och till släktforskarnas. En uppsats om dem kunde gott få rubriken »Fiskars och vallonerna». Fiskars hette nämligen det järnbruk i västra Nyland, idag bara någon timmes bilfärd från Helsingfors, där vallonerna först slog sig ner.

Peter Thorwöste hette den åboköpman som från Holland flyttat över till Finland 1624 och som i sina företag samlade den vallonska sakkunskapen. År 1649 anhöll han om privilegier försäkrande »Kongl: Bergz Collegij Assessores» om att han städse skulle förbli dess underdånige och ödmjuke tjänare.

Ödmjukheten framgår med all önskvärd tydlighet också av inledningen:

> »Högh Wälborne, Nådige, Wälborne, Ehreborne Högh och wälwijsse Herrer och Män etc."

Mindre tydlig var Thorwöstes egenhändiga namnteckning —

Bergskollegiet beviljade honom privilegierna och verksamheten kom snart igång, underlättad av tolv års skattefrihet. I sitt svar hänvisade kollegiet till att inget smedjebruk existerade i landet, varför behovet av »nödige manufakturer» av järn hade blivit trängande:

»Mädan ock uthi Finland ännu på ingen ortt för dette något wärck ähr oprättat ther manufacturer tillwärckas, och uthi then Landzorten ickie mindre änn annorstädes sådant till huars och ens tarffer nogsamt äre uthaff nöden, Fördenskull hafver man i lijka motto af nöden funnit att offerlåta och bewillia — — Petter Thorwösten, att inrätta i förbe:de (förbenämnde) Ström Jemte ther andre fine wärck ther som lägligit finnes ett tienligit Smijdewärck, thersammanstädes allehanda slags Spiick, Trådh och andra nödige manufakturer af Jern att tillvärka . . .»

Om Thorwöstes familj och söner som i egenskap av »bergfrälse» fortsatte verksamheten sägs det att »både kvinnor och män voro ett stridbart och hårdfört släkte . . .» som med eftertryck bevakade sina intressen gentemot kronan och dess ämbetsmän, mot anförvanter, köpmän, bruksarbetare och den kringboende allmogen. I stöd av sin bergsfrälserätt uppträdde de resolut också mot de närboende adliga godsägarna. (G Nikander: Fiskars bruks historia.)

Kanske var det med stöd av dessa egenskaper och traditioner som skalden Jonatan Reuter använde uttrycket »fjärran ur tiderna», då han vid en sångfest i Fiskars år 1935 besjöng ortens banbrytande betydelse för vår järnhantering:

»Här är det rum där i år, som fjärran ur tiderna vandrat,/ malmen, betvungen med eld, givit oss mänskor sin skatt./ Här är den idoga plats, där hamrarna hamrat och dånat,/ formande smältornas järn, flutet ur ugnarnas gap.»

Vare sig vallonernas insats har överdrivits eller inte, saknar det inte sitt intresse att jämföra den i Sverige gängse uppfattningen om vallonernas lynne med den som växte fram i Finland. Under den talande rubriken »Rasblandning» granskade August Strindberg på sin tid de »mera direkta» inflyttningarna, som lämnat märkbara spår efter sig, nämligen vallonernas och finnarnas.

»De kommo i hundratal dessa brunögda, svarthåriga fransmän, och de bildade, med sin starkt utpräglade rasstyrka, en stam som än i dag kan särskiljas i gränstrakterna af Östergötland, Småland och Vestergötland, och deras efterkommande hafva med sina namn så trängt igenom, att vi i våra dagar säkert känna igen dem som gamla bekanta, dem vi träffat på flera områden förut, och vi gå kanske dagligen om dem utan att tänka på annat än att de äro gamla svear. Vi nämna blott Allard,

6. Vallon från Upland.

Anjou, Aschan, de Besche, de Brun, Cardon, Gauffin, De Geer, Giljuson, Qvarfoot, du Rietz, Schotte.

Denna förlust af dugliga arbetskrafter började emellertid väcka oro hos despoten Filip IV, som utfärdade förbud mot vallonernas utvandring. Men detta hade icke önskad påföljd, utan Gustaf II Adolfs uppmuntringar verkade i motsatt riktning. — — En värfning af soldater anstäldes omkring Liège och 1000 man, af hvilka 500 voro smeder, blefvo utskeppade till Göteborg, hvarifrån smederna befordrades vidare till De Geers bruk Löfsta och Dannemoraverken.»

Att döma av i Finland bevarade handlingar t.ex. från Fiskarsområdet fick ägaren redan 1647 rätt att införskriva utländsk arbetskraft, och järnbruket anses tillhandahålla exempel på det vallonska inslaget i fråga om utseende, traditioner, namn och lynne. Att identiteten så väl bevarats lär, såsom i Sverige, ha berott på de många privilegier som tillät de inflyttade att sluta sig samman och undvika inblandning utifrån. Att ett visst tryck utifrån också i negativ bemärkelse existerade lär inte kunna bestridas, men vad som var orsak eller verkan kan svårligen idag utredas.

Det förefaller uppenbart att vallonerna i Finland i likhet med andra inflyttade, men i högre grad än i Sverige, stämplades som främlingar — de var ju mycket färre till antalet och framstod därför tydligare som undantag. När en hammarsmed kallades Henrik Tysk eller ett par drängar kallades Johan Fransos och Jöran Monsieur har vi väl all orsak att bakom namnen se från Sverige inflyttade valloner eller andra utlänningar, som t.o.m. fick namn efter sitt främlingskap. Och nästan undantagslöst var de inställda på aktivt försvar och motstånd, en för alla och alla för en, om de kände sin integritet hotad.

Även om en senare och mera kritisk forskning anvisat ett annat ursprung för en del vallonskt färgade namn, kan det vara skäl att göra ytterligare några axplock bland de strindbergska anteckningarna: Bonnevier, Bremer, Hubenette, Kramer, Laurent, Lychou, Martin, Porath, Pousette, Sporrong, Höijer . . .

Ett flertal namn — kanske de flesta — har blivit ganska omilt behandlade inte bara av årens gång och sin nya miljös oskrivna lagar utan också av skattemyndigheter, kyrkoskrivare och lokala bokförare av växlande kvalitet. Ett släktnamn, som i sin nya omgivning uttalades fel, skrevs sannolikt lika felaktigt; att Pierre blev Per är bara naturligt men när Jean Auber blev Jan Åberg gäller det redan för amatörgenealoger att se upp. Liksom för ättlingar till den år 1629 invandrade skogshuggaren Boisaart. Namnet förvanskades gradvis till Bossard i Sverige och ligger kanske gömt bakom den genuint finska versionen Puusaari. Det onekligen osvenska vallonnamnet Boivie har en trägen forskare sett skrivet på över 200 olika sätt i Sverige.

Arne Appelgren, som i sin studie Vallonernas namn (1968) behandlat dessa frågor, registrerade för sin del hela 628 till Sverige invandrade vallonska familjenamn mellan år 1600 och 1650.

Vallonernas ättlingar i Finland är numera helt absorberade av sin omgivning i nya yrken och på nya orter och det enda de har gemensamt är ofta nog ett släktnamn, som i den mån det inte har förfinskats eller försvenskats ännu kan te sig en smula främmande och »franskt» i tal och skrift. Någon minoritet har det aldrig varit fråga om, snarare en kuriositet.

Men om någon skulle komma på tanken att addera de kvaliteter som fått plats inom denna grupp av inflyttade och de individuella särdrag som gett gruppen dess färg, skulle saldot för 1989 sannolikt te sig högst beaktansvärt. I varje fall skulle det berättiga till en betydligt bättre underbyggd uppfattning om vallonerna än den vi besttår oss med.

Med tanke på det starka tyska inslaget i Stockholm och på att Göteborg vid tiden för den vallonska inflyttningen kunde betraktas nästan som en holländsk koloni, kan det synas märkvärdigt att just vallonerna genom sekler har velat och kunnat bevara en viss dragningskraft på sin alltmera historielösa omgivning. Till antalet var de ju inte flera under hela 1600-talet än de skaror av utlänningar som Sverige idag kan ta emot på någon vecka. Men vi får minnas att vallonerna från första början bildade ganska homogena grupper från ett och samma område, och att de blev sysselsatta och bosatta som väl sammanhållna grupper också i fortsättningen på alldeles bestämda bruksorter i inlandet, utan nämnvärda kontakter med yttervärlden och några större möjligheter att assimileras med sin närmaste omgivning.

Framsynta affärsmän av det större formatet, suveränt okänsliga för religiösa, politiska och moraliska betänkligheter, fick här en chans att fortsätta produktionen i Sverige. Köpare fanns det gott om i det krigförande Europa, alla behövde vapen men alla kunde inte betala, som t.ex. den svenska kronan. Alltså lånade man den pengar, vilket rika valloner hjälpte till med — och därmed hjälpte sig själva.

Så kom värvningen igång med bilateralt godkännande, utan trumslagare, tyst och effektivt. De vallonska bygderna besöktes av utvalda agenter som handplockade en hjulmakare och en lodgjutare här, en masmästare och en smältdräng där tills det efterfrågade antalet hantverkare var fyllt. Sedan kom man överens om samling vid särskilt upprättade invandringskontor på hemmaplan, där en del av inkomsten kunde utbetalas i förskott till familjerna om de föredrog att inte genast följa med till Sverige. I mottagarlandet upprättades liknande agentkontor för de löpande ärendena, i allt väsentligt påminnande om våra dagars informations- och turistcentraler, och invandrarna blev anvisade sina nya hemorter. Där väntade en tomt med plats för hus och uthus, med jord för trädgårdsskötsel och husdjur under ömsesidigt avtalade arbetsförhållanden, egen rättsskipning och religionsfrihet med egna präster, egna butiker med livsmedel, skor och kläder på egna betalningsvillkor, egna årliga vinpengar o.s.v. Bakom allt detta välstånd avslöjar en cynisk iakttagare en medveten strävan att bygga upp ett slag ekonomiskt privilegierad och socialt isolerad monopoltillvaro för att därmed säkra fortsatt produktion av krigsviktiga varor, inte minst för export. Det gällde ju att skydda vallonsmidet för onödig insyn och stärka rikets stormaktsställning.

Det är klart att isoleringen, både den språkliga, sociala och den yrkesmässiga, inte kunde hålla i längden. Men det var inte heller nödvändigt: år 1652 förbjöd de nederländska myndigheterna hela trafiken med Sverige. Den vallonska parentesen var alltså slut — men bara på det officiella planet, på papperet. På andra och mera bestående plan fortsatte kontakterna med en intensitet som tvingar oss att ta det ofta yviga talet om identitet på fullaste allvar: nästan trehundra år senare bildades i Sverige »Sällskapet Vallonättlingar» för att studera och värna gemensamma värden.

Identitet och kvalitet hade vuxit upp sida vid sida och fått stöd av varandra.

Kejsarens varjager

Det lär finnas resenärer från Skandinavien som i en av kristenhetens märkligaste helgedomar, Hagia Sofia i Konstantinopel, glömska av alla dyrbarheter söker sig till några i väggen inristade bokstäver för att där fälla en tår. Det är fråga om en runskrift av rent nordisk typ, alltså något tusental år gammal, men i alla fall ett slags graffiti eller ofog om man så vill. Kanske kan skriften på denna onekligen överraskande plats tolkas så att en varjag, kanhända en soldat ur kejsarens livvakt, någon gång för länge sedan stått där på vakt vid något högtidligt tillfälle och i sin påtvungna sysslolöshet — troligen förenad med hemlängtan — med den skrivkonst som var honom given ristat sitt namn Halvar som en hälsning till en oviss eftervärld.

Ett annat och liknande mål för nordiska turister brukar finnas omnämnt i resehandböckerna, det berömda marmorlejonet från Pireus hamn, numera i Venedig, i vars yta en annan viking i österled har ristat sina hittills otydda runor.

I båda fallen är det inte skriften utan situationen som sådan som sätter vår fantasi i rörelse. I Finland har det som bekant inte hittats en enda runsten medan stenar med anknytning till Grekland — i detta fall det Östromerska riket — har hittats i Sverige till ett antal av trettio eller mera, ofta resta till minnet av män som aldrig återvände från sina långfärder österut.

Efter att länge ha levat i skuggan av sina kusiner eller de »riktiga» vikingarna västerut har varjagerna i österled numera, tack vare vidgade samarbetsmöjligheter, blivit föremål för ett återuppväckt intresse. Här är inte platsen för ett referat av den utdragna diskussion som förts om begreppet *varjag, varang, väring* etc., i synnerhet som den inte synes ha lett till någon allmänt godtagen lösning. Utgångspunkter har sökts bland ryska, skandinaviska, grekiska och arabiska benämningar — varjagerna gjorde sig kända över stora områden — och en viss enighet har nåtts: de var mer eller mindre militanta främlingar från Norden som trafikerade de stora handelsvägarna mellan Norden och det Östromerska väldet, ofta med Konstantinopel som mål.

Det första anfallet mot staden skedde enligt den så kallade Nestorskrönikan år 860 och varjagerna gick där under namnet ruser. Det slutade i en katastrof men övertygade i alla fall kejsaren om från vilket håll faran hotade och att någon form av överenskommelse med främlingarna från norr kanske var en förnuftig lösning:

> »Sedan ruserna inträngt i sundet anställde de massmord på de kristna och omslöto Konstantinopel med tvåhundra skepp. Kejsaren lyckades med nöd komma in i staden. Jämte patriarken Fotios begav han sig till den heliga gudsmoderskyrkan i Blachernai. Man bad hela natten och förde den heliga gudsmoderns klänning till stranden under psalmsång och doppade den ner i vattnet. Havet var stilla och lugnt, men så uppstod plötsligt en häftig stormvind med väldiga vågor, som kastade de gudlösa rusernas skepp om varandra och vräkte upp dem på stranden och krossade dem. Endast få av dem undgick olyckan. Ruserna vände då hem till sitt land.»

(Alf Henrikson: Byzantisk historia)

Herbersteins karta från mitten av 1500-talet visar hur vattenlederna från Ladoga och Vita havet i närheten av Moskva nådde fram till de stora floderna söderut.

Men de skulle komma tillbaka, både bjudna och objudna.

Förstavelsen *var-* i ordet varjag har ansetts syfta på den trohetsed, överenskommelse eller liknande, som låg till grund för främlingarnas speciella förhållande till kejsaren i Konstantinopel, till exempel som handelsmän eller medlemmar av hans livgarde. I ett tidigare skede avsåg man med varjager mera allmänt nordmän från andra sidan Östersjön, alltså Ruriks efterföljare, som grundare av handelskolonier och stödjepunkter längs de stora floderna. Hur som helst visste de knappast själva att de var varjager liksom inte heller deras fränder i västerled någonsin fick veta att de var vikingar. Själva kallade de sig aldrig så.

När man på en karta granskar flodernas lopp genom det väldiga landområdet mellan Östersjön, Ladoga och Svarta havet, ser man hur otroligt väl allting var förberett för nordmännens agerande geografiskt, och isynnerhet om de sökte sig söderut. Vare sig de från Gotland valde den södra eller »nedre vägen» över Riga och Dünafloden eller den norra vägen längs Finska viken och vidare över Narva — eller Ladogaleden — överallt välkomnades de av ett flätverk av vattendrag i inbördes tävlan att bjuda på skjuts med övergångar eller dragmöjligheter över smala näs från en flod till en annan. Ville de byta slutmål från Svarta havet till Kaspiska havet gavs det tillfälle till »övergång» för fortsatt färd längs Volga. Denna östra led stod i sin tur i förbindelse med Sidenvägen liksom den västra kunde betjäna pilgrimer till det Heliga landet.

De långa avstånden krävde befästa mellanstationer med upplag, marknader, vård- och reparationsmöjligheter för att trygga nästa etapp. De låg på centrala och strategiskt viktiga punkter och växte sedermera upp till våra dagars storstäder. Jämförda med veckoseglatserna västerut krävde de årslånga färderna österut målmedvetna förberedelser och stora resurser av folk och material.

Allra först gällde det att trygga överfarten från Gotland

eller Svealand genom att bemäktiga sig flodmynningarna, bland annat kring Rigabukten. Det har visat sig, säger de sakkunniga, att varjagerna där tillämpade en metod med gisslan, bland kustborna noga utvalda ledare vilkas undersåtar på ett bestämt område tvingades betala skatt till sina nya herrar, varjagerna. Då ordet *gisslan* ligger till grund för det finska »*kihla*» får ordet »kihlakunta» (härad) därmed sin förklaring: det var ett skattepliktigt område eller ett *gislalagh* såsom termen senare lydde. Detta vittnar om att varjagerna var ute i samhällsbyggande ärenden, vilket ju också framgår av Ruriks och hans samtidas förehavanden.

Om dem och deras betydelse för det ryska rikets uppkomst har historikernas meningar varit delade i två nationella läger. Som person tillhör Rurik de ryska krönikornas värld och hans gärningar måste bedömas efter samma högst otillförlitliga måttstock. Det kan väl diskuteras i vilken mån till exempel Harald Hårdråde i jämförelse med Rurik kan kallas en historisk person — han tillhör ju i sin tur de isländska sagornas värld — men hans existens finns i alla fall upptagen bland Norges kungalängder med det bekanta dödsåret 1066. Dessutom var han halvbror till Olof den helige och deltog som pojke i slaget vid Stiklastad (1030), där han sårades och Olof själv stupade. Haralds härkomst och framgångar inte minst på haven och i det Heliga landet säkrade honom en plats i Snorre Sturlasons Heimskringla.

Där läser vi på någorlunda förståelig svenska att han efter äventyret vid Stiklastad for »vida omkring i Österled», seglade till Gårdariket och dvaldes där några vintrar innan han fortsatte till Grekland med mycket folk, styrande kosan mot Miklagård:

»Harald dvaldisk i Gardariki nokkura vetr ok fór vida um Austrveg. Sidan byrjadi hann ferd sina út í Grikland ok hafdi mikla sveit manna; tha helt hann til Miklagardz.»

Vilka Haralds uppdrag än må ha varit på färden söderut, några småsaker gällde det inte för den som väntade på kungakronan. Det heter ju om honom att han som »mandryg maktdrott» ombord på sitt »bogfagra bragdskepp» med en stor kämpasvit närmade sig Miklagård eller alltså Konstantinopel med dess metalliskt lysande tak —

»Maetr Hilmir sá malma
Miklagards fyr bardi;
Mörg skridu beit at borgar
Barmfögr háum armi.»

Eller med andra ord: De ståtliga skeppen i Haralds flotta seglade tätt intill de höga stadsmurarna.

Det dröjde inte länge innan Harald befann sig i hovets tjänst och sändes ut med en flotta galärer för att bekämpa pirater. På den färden blev han ledare för alla varjager under den beryktade kejsarinnan Zoe. Ett annat uppdrag gällde Sicilien, »Sikelöns vida rike». Hans framgångar där finns besjungna i Adam Oehlenschlägers tragedi om »Vaeringerne i Miklagard» (1826), som enligt vår bedömning närmast är en komedi. Där intar Harald många tiotal borgar, dels genom att gräva tunnlar under murarna och dels genom att beskjuta dem med brinnande fåglar. Vid sin hemkomst vägrar han att knäfalla inför kejsaren vädjande till ett gammalt privilegium som befriade varjagerna från en sådan ödmjukhet:

»I staar ei under nogen Mand i Lanndet,
Kun under Den, som selv I vaelge till
Ier Formand —»

Konstantinopel sådan man i väster föreställde sig staden. Teckning ur en tysk krönika från år 1493.

Orden antyder en långt driven självständighet hos kejsarens livvakter: de valde själva sina ledare. Men inte nog därmed: när en kejsare dog — eller dödades, vilket är ett riktigare uttryck med tanke på den snabba omsättningen — hade varjagerna förmånen att få plundra slottet på allt de kunde bära med två händer. Också detta privilegium finns dokumenterat hos Oehlenschläger —

»I ere Keiserens fornemste Vagt,
Hans Livvagt. Naar han döer engang,
belönnes Ier Troskab —
I gaar omkring i Keiserborgens Haller
og skifter al hans Efterladenskab
i lige Arv — »

Det var i sanning ett stort förtroende som kejsaren visade sina varjagväktare: Ju flera av deras herrar och härskare som dog, desto rikare blev de!

Harald hade stor framgång både i Särklandet eller saracenernas land och i Jorsala-landet eller trakterna kring Jerusalem. Svårigheterna började egentligen först vid återkomsten till Konstantinopel, där kejsarinnan Zoes tycke för sin blonde hövding från Norden hade övergått till ett beslut om äktenskap. Harald såg bra ut, han var fem alnar lång, hade solblekt skägg och långa mustascher och det ena ögonbrynet högre än det andra. Dessutom var också han förälskad men inte i Zoe utan i hennes brorsdotter Maria. Som en följd av detta triangeldrama kastades Harald i fängelse.

Befriad därifrån av Maria med stege och rep, tydligen ett gammalt trick, skyndade han sig till slottet för att sticka ut ögonen på kejsaren. Sådan var nämligen landets sed.

Vid flykten fick han hjälp av två skepp bemannade med hans egna varjager. Färden gick snabbt norrut till Novgorod och därifrån till hembygden i Norge (1046). Han hade då så mycket guld med sig, sägs det i Snorres Heimskringla, att när han spred ut allting på en oxhud kunde ingen i nordanlanden fatta att så stor rikedom kunde samlas på ett och samma ställe.

Harald var bara en av många. Men av hur många?

Några klart dokumenterade siffror om antalet varjager i Konstantinopel eller på andra orter finns inte att tillgå, inte ens om vi håller oss till livvakten, vars uppgift — ungefär som Schweizergardets i Vatikanen — var att skydda härskaren till kropp och själ. På en allmän och utbredd företeelse pekar i alla fall faktum att både svenska och norska lagsamlingar fann det angeläget fastställa att ingen varjag var arvsberättigad.

När Sigurd Jerusalemfararen senare sades ha sextio skepp på sitt »statsbesök» i Konstantinopel, är det knappast någon hållbar ledtråd. Han seglade runt Europa genom Gibraltar och hade kanske 40 man på varje skepp. På färder längs floderna i österled fick man nöja sig med mindre farkoster som kunde dras långa sträckor över land. Det visste till och med Olaus Magnus i Rom, som i sin bok om de nordiska folken i bild visar hur det gick till.

Själva livgardet var av naturliga skäl inkvarterat i omedelbar närhet av det kejserliga palatset och omfattade säkert många hundra man. Det låg i hovets intresse att ha dem i viss mån isolerade från yttervärlden; därigenom minskades risken för intriger med civilbefolkningen, skvaller och onödig information. Ju säregnare och grannare vakten var desto mäktigare måste dess härskare vara.

Med förmånerna och all uppmärksamhet kring livvakten följde helt naturligt en överdriven självkänsla: bevarade dokument vet berätta om klagomål från de politiska fångarna i bottenvåningen över alltför högljutt festande en trappa upp, där varjagerna bodde. Sjöng de kanske där sina hemländers hedniska sånger, styrkta av makten och av söderns vin, på något slags improviserad fornnordiska?

Om kejsaren med särskilda bestämmelser ville hålla sin livvakt inom rimliga gränser bland annat med tanke på eventuella revolter, var den risken knappast aktuell i fråga om de handelsidkande varjagerna som skötte leveranser och andra förbindelser med Kiev och uppåt längs floderna. Men också de levde under ständig bevakning, de anvisades särskilda områden där de fick bo ett halvår eller mera, de hade egna kajplatser och upplag, fria bad och bröd, vin och frukt, tullfrihet och rätt att röra sig fritt i innerstaden — om de var obeväpnade och om de inte rörde sig i större grupper än femtio personer genom stadsportarna. Man följde alltså ett slags handels- och biståndspakt, modell 945.

Men vänner fick varjagerna knappast, vare sig de tillhörde livvakten eller handelsmännens överklass; i kejsarstaden förblev de ett främmande inslag. Troligen missunnade ortsbefolkningen dem alla de förmåner som den själv saknade. Livvaktens dyrbara klädsel och beväpning gjorde

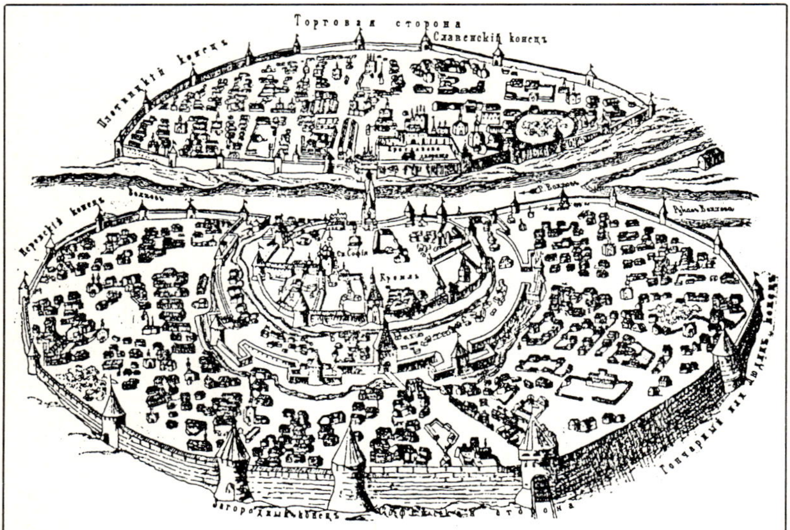

Die älteste Ansicht von Nowgorod,

Den av murar omgivna innerstaden eller Novgorods första »Kreml» existerade i någon form redan under varjagernas tid. Floden Volchov delar här det medeltida Novgorod i Köpmännens kvarter (överst) och den befästa delen.

den inte omtyckt, snarare tvärtom. De grymma straffen för svek och brott hade knappast någon större effekt. Det hade blivit ett slags nöjesbetonad rutin att de skyldigförklarade kläddes i kvinnokläder och fick rida genom staden på en åsna eller att man stack ut ögonen på dem, klippte av tungor, näsor och öron.

Vem minns inte »mannen från öster» i Frans G. Bengtssons »Röde Orm», som byzantinerna hade berövat både ögonens ljus och talets gåva och som varit borta nästan trettio år i livvakten hos kejsar Basilius.

Det må vara de sakkunniga förunnat att med positiva eller negativa förtecken analysera varjagernas roll som samhällsbyggare och handelsmän, krigare och äventyrare. Kanske kan de finna något utbyte av deras kontakter med Finland, en aspekt som hittills nästan helt förbisetts vid sidan av de svenska Rurik-traditionerna, vilka också sovjetiska vetenskapare ansett överdimensionerade. I takt med arkeologiska utgrävningar bland annat vid Ladogas sydkust har man frågat sig vilka det var som byggde fästningarna där, för vem och mot vem. Medan ryska forskare hävdar att till exempel Gamla Ladoga-borgen byggdes av slaver till skydd mot vikingars angrepp från väster har skandinaviska forskare menat att det skedde för att hejda ryska anfall från öster.

En tredje möjlighet, att en fästning kunde ha gagnat också den av hävd finska ortsbefolkningens intressen har dykt upp senare. Mot den skall man se ett uttalande i Bertel Almbergs bok »Vikingen»:

> »Den lämpligaste vägen att från Ladoga nå Volga var inte att färdas längs den av forsar fyllda floden Svir österut utan snarare att på småfloder söka sig till källflödena av Volgas bifloder. Väsentligt i sammanhanget är att befolkningen var finskspråkig längs alla dessa vattenvägar från Ladoga ända till Bulgar, handelsstaden vid Volgakröken. En finsktalande handelsman kunde färdas hela denna sträcka utan alltför stora språksvårigheter. Häri ligger en förklaring till att Nestorskrönikan nämner ett antal finska personnamn i samband med de handelsavtal som på 900-talet skulle ha upprättats mellan Bysans och det av *rus* styrda Kiev — — »

Det finska inslaget möter vi på hög litterär nivå hos Artur Lundkvist i boken om Ingolf jarls färd i österled, »Slavar för Särkland». Efter att lyckligt ha seglat över Östersjön fick hans varjager kontakt med mörklagda, kortväxta och hjulbenta individer som gick klädda i skinn. Då man vinkade till dem svarade de inte utan bara glodde med sina mörka ögon. De som sedan gammalt kände färdvägen visste berätta att de skinnklädda var en smula underliga, att de dyrkade björnramar och inte förstod något språk. De kallades finnar.

Liksom Artur Lundkvists skildring ger också Valdemar Nymans beskrivning av varjagerna i »Osmund och aftonstjärnan» ett intryck av att bygga på grundliga källstudier. Handlingen är förlagd till brytningstiden mellan hedendom och kristendom och huvudpersonen är en engelsk präst som i sällskap med missionärer förirrat sig till Skandinavien. Därifrån går färden vidare med vikingaskepp till Kiev. Huvudpersonen har vid sin sida den lika attraktiva som hedniska Yrsa, men blir trots detta vigd till biskop. I Konstantinopel får paret vara med om lysande festligheter på Hippodromen dit självaste kejsaren anländer längs gator betäckta med mattor, förbi purpurbeklädda åskådarläktare och rökelsedoftande bronskärl. Han sitter i sin vagn, dragen av vita hästar. Framför honom marscherar varjagernas livvakt, ledd av sin hövding med ett guldskimrande svärd i handen — och folkmassorna viker åt sidan. Bakom honom följer varjagerna i sina glänsande sidendräkter, bärande yxor och spjut. Vitklädda präster med palmblad i händerna stämmer upp »Hosianna, välsignad vare han . . .»

Den kunskap om varjagerna som nordiska diktare haft att tillgå som råmaterial för sina skildringar har bestått av forskarnas svar på sådana frågor som *vem* och *när, var* och *varför.* Att finna dem har krävt år av hängivet arbete. Sedan länge har man också sökt besvara frågan *hur* färderna tekniskt var möjliga, hur kunde skeppen dras långa sträckor över land, hur klarade man de strida forsarna i Dnjepr och Dnjestr, hur färdades man i stark motström o.s.v. Utan tillförlitliga uppgifter om båttyper, segel, skeppsbyggnadsteknik och liknande praktiska ting blir inga varjagäventyr helt trovärdiga.

Bara ett exempel: Kunde verkligen de havsgående skeppen efter Östersjöseglatserna med folk och varor och proviant ombord användas också i de trånga träsklandskap som väntade i slavernas land? Blev inte omlastningar nödvändiga? Skedde dessa i skydd av de befästa städer och borgar som man nu håller på att gräva fram, till exempel karelarnas gamla (Staraja) Ladoga? Och vad säger gravfynden?

Många och intressanta frågor är ännu obesvarade, många förblir frågor. Skeppen är för alltid försvunna, förmultnade. Men det finns andra hjälpmedel än fornfynd. Ett ryskt uppslagsverk från 1893 förklarar att de i Ladogavattnen använda fiskebåtarnas konstruktion har förblivit oförändrad sedan varjagernas dagar. Skedde det alltså någon förändring då?

I en till finska översatt skrift från det etnologiska institutet i Moskva (1976) hänvisas till en mycket avancerad båtbyggnadskonst som ett absolut villkor för all samfärdsel under äldre tider. I krönikorna talas det ofta om en grundtyp för de ryska flodbåtarna under tiden från varjagernas ankomst till 1400-talet. Både för- och akterstammen var spetsig och hög och båten lämpade sig särskilt väl för längre och krävande transporter. Vid sidan av den användes mindre båtar med svagare bärkraft till exempel för fiske. Dessutom hade de berömda flodpiraterna utvecklat en egen båttyp som byggdes i Novgorod och som rymde trettio man med vapen och proviant — samma uppgifter har man sett angivna för vikingarnas farkoster. Piraterna kunde ju inte vara sämre utrustade än sina tilltänkta offer. Ett annat båtbyggarcentrum var guvernementet Olonets eller Aunus i Fjärr-Karelen, där hela släkter och byar haft båtbyggandet som huvudnäring så långt tradition och vittnesmål kan nå. Det kan intressera äldre finska och svenska frontmän att veta, att man förr vid floden Svir har byggt farkoster med utsirade bord och att varven vid Lotinanpelto en gång lär ha byggt de farkoster med vilka Peter den store styrde mot Nöteborg. I ortens vapen finns avbildad en båt, riggad som ett vikingaskepp!

Ett sovjetiskt uppslagsverk från 1956 talar om enmastade farkoster på 10—15 ton som var i bruk på de nordliga floderna ännu i början av vårt sekel och som dök upp på Ladoga på 1000-talet. Alltså just på varjagernas tid. De hade spetsig akter och fyrkantiga segel, alldeles såsom vikingarnas. Deras båtar blev mönster för de karelska båtbyggarna. Fackmän, som har undersökt Ladogafiskarenas båtar och jämfört dem med vikingamuseernas exemplar har funnit en mängd iögonenfallande likheter. Detta och mera därtill får en lekman läsa om hur konsten att bygga båtar spred sig västerifrån. Men han går lätt vilse i en litteratur han inte behärskar och saknar därför en sammanfattande redogörelse för hur långt vetenskapsmännen med förenade krafter nått.

Annan kunskap kom söderifrån. Medan farkosterna drogs över rullande stockar från flod till sjö växte sig rykte-

Varjagryttare, tecknad på basen av gravfynd i vikingarnas Birka och publicerad i en ryskspråkig version av »Wikingen und Slaven. Zur Frühgeschichte der Ostseevölker», 1982.

na allt starkare att man i söder dyrkade en ny gud, att självaste kejsaren av Konstantinopel hyllade honom och att fursten i Kiev hade låtit döpa sig. När den Heliga vishetens kyrka invigdes i Novgorod samlades där en hel skara biskopar med mitror och stavar. Med dem följde aposteln Andreas, Ontrei, korset med tvärslån, klostren och den ortodoxa läran som sades vara förmer än den tro som folk visste berätta om västerut.

Varjagerna var inte bara slavhandlare och krigare. De var också budbärare och förmedlare av både handens och huvudets bidrag till utbytet mellan folken kring de två stora sjöarna i norr, Östersjön och Ladoga, och de två stora sjöarna i söder, Svarta havet och Kaspiska havet.

Lille Fritz och turkarna

De äldre bland oss som växte upp med Topelius' »Läsning för barn» erinrar sig kanske sagan om snöbollskriget på fästningen Hjälteborg. Mot varandra stod två grupper av skolpojkar, uppdelade i kristna och turkar. Vid turkarnas första anfall blir den sjuårige Fritz, trumslagaren, så skrämd att han gömmer sig i en hundkoja. När turkarna ser ut att vinna slaget hör Fritz hur en av hans kamrater kallar honom feg. Han återvinner då modet, kryper ut ur sin koja och inleder ett rasande trummande. Turkarna, som tror att de kristna fått förstärkningar, tar till fötterna och gömmer sig bakom närmaste plank. De kristna har segrat.

Någon kanske undrar varför Topelius till de kristnas motståndare valt turkar — det fanns väl naturligare fiender på närmare håll. Som sagofarbror och professor i historia borde han ju ha vetat bättre än att låta landets barn lära känna turkarna som ett slags fiender.

Då var Runeberg mera förtänksam. När veteranen från det turkiska kriget (1828—30) i »Julkvällen» berättar om sina motståndare märker vi en tydlig underton av uppskattning —

> »Turken, vänner, är hård som koppar för kulor och svärdshugg;/ Faller han, springer han upp med den krokiga sabeln i handen,/ Rister sitt yfviga skägg som ett lejon och rasar ånyo.»

Inte ens här är bilden odelat sympatisk — där är kroksabeln, det otyglade raseriet och våldet. Så hade man ju i Norden vant sig att se turken och sådan *måste* han ju ha varit, kristenhetens arvfiende, som följde Koranens bud i stället för Bibelns. Därför måste varje vän av det sanna ordet betrakta turken som sin fiende. Det hade Martin Luther själv klart och tydligt förkunnat:

> Eftersom det är säkert, att någon rättvisa icke finns bland turkarna liksom att inga bestämmelser tvingar dem att inleda strid och anfalla länder som icke äro deras egna, därför är deras krig intet annat än brottsligt röveri, varmed Gud bestraffar världen . . . turken är Guds gissel och den ondes tjänare, därom råder intet tvivel.

När det gällde att välja vapen föredrog Luther dem som den rätta tron skänkte varje kristen. Turken måste berövas all den makt som den onde ställt till hans förfogande: ensam och avklädd allt gudomligt skydd var han ett lätt offer för den sanna tron.

Luther anbefallde sitt folk att avstå från svärdet. Så länge Allah, sinnebilden för det gudomliga och det onda på samma gång, stod mellan de kristna och turkarna hade man föga nytta av de vapen som påven lärde sina anhängare att bruka.

Här gick alltså Luther sin egen väg. Han förtydligade den genom att försvara de medel som kejsaren valt för att värna sina undersåtar; det var hans plikt som kejsare. Ville kejsaren verkligen förgöra de ogudaktiga, då skulle han börja med påven och hans närmaste tjänare:

> Mot turkarna skall man icke strida för att vinna stor ära, berömmelse och egendom, för att vidga sitt land, av hat eller hämndbegär . . . Därför böra vi upphöra med detta uppviglande, varmed kejsare och furstar i deras

egenskap av kristenhetens ledare, kyrkans beskyddare och trons försvarare ... hittills har hetsats mot turkarna. Kyrkan och tron måste ha en skyddsherre av annat slag än kejsare och konungar ...

Turkarnas stora militära framgångar bland annat i Ungern sammanföll tidsmässigt inte bara med de avgörande skedena i Luthers liv utan också med vår egen reformator Mikael Agricolas studieår i Wittenberg. Det var alltså helt naturligt om han påverkades av de starka antiturkiska stämningarna och lät dem leva vidare i sina finskspråkiga skrifter, de första i landet. I Rucouskiria, bönboken, ingår en bön riktad emot alla förtryckare av Guds ord, nämligen »Perkele (djävulen), turkarna, påven, Antikristus och alla andra ogudaktiga». Och *»der alt' böse Feind»*, som Luther talade om i psalmen »Vår Gud är oss en väldig borg» och som hos oss blev »mörkrets furste vred», var väl närmaste den onde turken, ehuru vi i våra svårare stunder har ersatt honom med ryssen. Så har turkskräckens och rysshatets rottrådar för länge sedan tvinnats samman i vår egen jord.

Man kan alltså utan överdrift hävda att de negativa föreställningarna om turkarna är jämnåriga med finskan som skriftspråk, de spreds i samma takt som läskunnigheten.

Genom en ödets nyck fick befolkningen i södra Finland bara några decennier senare erfara att ryktena om de vildsinta turkarna hade talat sanning. Den handgripliga undervisningen drabbade Nylands kusttrakter, när Ivan den fjärde och »förskräcklige» den kalla vintern 1577 sände något tusental turkiska tatarer från Estland över isen för att proviantera. De brände en hop byar i Sibbo och västerut, Hoplaks, Brändö och Drumsö för att bara nämna några namn som har överlevt och nu är stadsdelar i det moderna Helsingfors.

Förstörelseverket fick som vanligt större proportioner i folkets mun och snart visste ryktena berätta om blodsugande väsen med väderkorn som hos skogens vilda djur. Det var våra första erfarenheter av islam.

De blev inte de sista. För varje generation trängde bilden av den grymme turken med turban och kroksabel allt djupare ner i folklagren. Ibland dyker han upp på ytan såsom i den första finskspråkiga tidningen på 1770-talet, där

En österrikisk familj förs i fångenskap, drabbad av janitsarernas grymhet. Med bilder av detta slag spreds skräcken för turkarna. Träsnitt från 1500-talet.

Turkiet återkommer som en europeisk stormakt, med upplysningar om nyfödda prinsar och prinsessor. Senare träffar vi turkarna i deras traditionella roll hos Aleksis Kivis sju bröder. När Juhani drabbas av samvetskval för sitt supiga leverne säger han: »Itkisinpä verta jos taitaisin, sillä olemmehan eläneet kuin koirankuonolaiset, juoneet viinaa kuin mahometit ja turkkilaiset». Läsaren får nästan intrycket att Muhammed och turkarna — för vilka druvans saft dessutom var förbjuden i Koranen — var medskyldiga till brödernas olyckor.

Det rysk-turkiska kriget gav turkbilden alldeles nya drag. Inte så att den skulle ha blivit förmildrad eller vackrare, snarare var det väl tvärtom — den stora förändringen bestod i att det autonoma storfurstendömet Finland plötsligt började lägga sten på bördan genom att etablera sig som producent av antiturkisk propaganda. Indirekt var orsaken att tsaren, de kristnas vän och försvarare, hade beslutat att sända en truppstyrka på ungefär 1 200 man från Helsingfors till krigsskådeplatsen på Balkan för att understöda bulgarerna i kampen mot turkarna.

Detta skedde under en period då nyhetsförmedlingen och tidningspressen här i landet befann sig i snabb utveckling, vilket givetvis bidrog till det intresse som vårt oväntade deltagande i kriget väckte hos den stora allmänheten.

En stor del av skriverierna skulle idag stämplas som klumpig propaganda, visserligen uppblandad med äkta fosterländskhet. Med en sådan bundsförvant som tsaren och hans väldiga krigsmaskineri kunde skribenten till och med unna sig hånfulla utfall om motståndaren samtidigt som de egna truppernas hjältemodiga bravader prisades.

Som ett exempel på de ganska få svenskspråkiga trycksaker som då såg dagens ljus skall här återges ett brottstycke ur »Krigsmarsch för finska gardets afmarsch till Turkiet» (upptecknad 1888), numera bevarad i Svenska litteratursällskapets arkiv i Helsingfors:

»Framåt framåt marsch det gäller nu att strida
Ingen af oss svika skall hvarthän det än bär
De kristna har länge för mycket fått lida
Turken vi nog visa skall att vi nu är här
Sjung Finlands män hurra
Mot turken vi skjuta bra
Ingen af oss svika skall i knall eller fall.» *)

Om dikter av detta slag — i den mån man vågar kalla dem dikter — var rätt sällsynta, rådde det verkligen ingen brist på finskspråkiga skillingtryck. De var i dubbel bemärkelse billiga. Man fick köpa dem på marknader och andra offentliga tillställningar. De behandlade vanligen aktuella händelser — eller gjorde i varje fall anspråk på att göra det — och bar tydliga spår av att ha kommit till i all hast:

»Turkkien joukko raiwoisa / Kiljuu waan weren himoissa / Mahomettien willi-suu / On meiltä rauhan hotkainu / Määrätön Turkin ilkeys / Toi mahometin pimeys . . . »

Över etthundra olika skillingtryck, skrivna av över tjugotalet »diktare» har hittats i tusentals exemplar. De handlade om krigets hårda vardag bland Balkanbergen och bekräftade vad läsarna ville veta om de egna vapnens ära och turkarnas ogärningar. En närmare analys har visat att endast ytterst få av upphovsmännen hade personliga erfarenheter av kriget och det de skrev om, och bara ett enda skillingtryck kunde sägas framställa motståndarna i sympatisk dager. Det stora flertalet var helt enkelt i kommersiellt syfte omdiktade versioner av tidningarnas referat från Balkankriget. Skribenterna utgick från några enkla fakta och lät sin fantasi brodera ut resten. Det var i sanning en ovän-

*) Sjöngs troligen till samma melodi som de bekanta orden »Siellä on kärsitty vilua ja nälkää, toisella puolella Tonavan» . . .

tad utlöpare här uppe i Norden av den kategori turkfientliga visor och andra trycksaker som längre söderut har samlats under rubriken »Türkenlieder».

Säkert bidrog också »den gula faran» till de antiturkiska tonlägena i den tidens trycksaker. Sedan gammalt visste man att de värsta pestsjukdomarna spritt sig västerut via Sidenvägen och andra asiatiska handelsleder. För att hindra en upprepning infördes stränga bestämmelser i gränszonerna, som måste utmärkas med gula flaggor och bevakas av myndigheterna. Också fartyg med pest eller befarad pest ombord måste visa gul flagg, vilket inte var sällsynt i dåtida Medelhavshamnar. Särskilt besvärande var karantänstiden som varade i 40 dygn, vilket också framgår av dess franska benämning. I det illa utsatta Österrike upp-

Turkiska soldater på 1870-talet. Ur »En härfärd i Turkiet», Helsingfors 1878.

hävdes pestbestämmelserna först år 1872. Man ville låta grannen framstå som en pesthärd utåt så länge som möjligt — ett sätt att betona och bevara gränsen österut.

Sedda i vidare perspektiv och utan vare sig Luthers eller tsarens förmedling var de antiturkiska skrifternas bakgrund den lika starka som oväntade islamiska expansionen, som hade slagit en halvbåge runt Medelhavsområdet och därmed hotade Europa genom morerna i sydväst och de turkisk-tatariska folken i sydöst. Faran blev uppenbar när Konstantinopel under seldsjukerna alltmera isolerades och islam trängde längre in i Balkan. När staden sedan föll (1453) och det gamla Bysans saga var slut, vaknade Europa ur sin dvala — men då var det redan för sent att vända historiens hjul bakåt igen. Det andra uppvaknandet kom när Budapest föll (1529) och det tredje när Wien, de habsburgska motståndarnas främsta fäste, belägrades för andra och sista gången (1683).

Europa höll andan. I Sveriges kyrkor lästes förböner för krigets offer bland de kristna och det upptogs kollekt för att friköpa fångar undan tortyr och död; varje framgång hälsades med kyrkklockors klang och i skuggan av den allmänna korstågsstämningen skrevs det allehanda nidskrifter i akt och mening att stärka försvarsviljan inom de egna och kristna leden. De fick mestadels karaktären av flygblad som cirkulerade från hem till hem och omdiktades med nya motiv ur aktuella händelser. Melodierna var ofta kända ur andra sammanhang. Gemensam för dessa »Türkenlieder» var en antiturkisk anda, mera hårdhänt och rakt på sak utformad av legosoldater och mera kristlig av prästerskapet.

Här citerade exempel härstammar från året efter Budapests fall, då faran för fortsatt turkisk framryckning måste ha upplevts som ett personligt hot i allt vidare kretsar.

397. Wacht auf, ihr Deutschen alle!

(Lied gegen die Türken, c. 1529—1540 entstanden.)

(Ur Altdeutsches Liederbuch, saml. av Franz M. Böhme, Wiesbaden 1966).

En lekman kan bara ana rikedomen i det textmaterial på skilda språk i olika trakter som fruktan för den turkiska expansionen gav upphov till på kristenhetens sida. Såsom Senol Özyurt har visat i sitt samlingsverk på över 500 sidor (»Die Türkenlieder und das Türkenbild . . .», 1972) är det fråga om en hel litteraturart, uppdelad på ballader, legender, sagor, böner, ramsor och nidvisor av vilka några har vandrat från serber till ungrare och från ungrare till österrikare och tyskar.

De två stora händelserna är som nämnt Konstantinopels fall och den misslyckade belägringen av Wien.

Här tolkas glädjen över att Wien räddades i sista stund:

»Freu dich, du edles Wien,
dass du nun wieder worden frey!
Wie ist dir doch zu Sinn,
Dass du, der türcken Tyranney
befreyet, gleichsam lebst aufs Neu?

All Furcht ist nun dahin.»

Eller i mycket fri översättning (av förf.):

Ack fröjda dig, du ädla stad,
nu är du äntligt fri, var glad!
Nu kan du leva upp på nytt
när fienden vår stad har flytt;
så frukta icke, du är fri
från turkens hot och tyranni.

En egenskap som av naturliga skäl lyser med sin frånvaro i den blandade samlingen av visor och dikter är humorn. Men också den fick sin chans när trycket lättade.

En författare, vars dikt omfattar hela 24 strofer under rubriken *»Türkische Prügelsuppe»*, låtsas här sörja över den segeryra som turkarna berövade de goda wienarna genom att oväntat rymma fältet:

»Ach, ach, der grossen Noth!
Hör Mahomet, du erzverlogner Gott
des türkischen Geschlecht;
Ist dieses dann auch recht,
Dass du uns so betrogen,
Durch widriges Gefecht.»

Hör Muhammed, av turkisk stam,
du ärkelögnare och gud!
Det var då verkligt synd och skam

att ej för kampen ge sig tid,
att utan varning, förebud,
bedra oss på en ärlig strid!

(Övers. av förf.)

Özyurts samling innehåller en enda dikt från slutet av 1300-talet. Då hade turkarna redan trängt långt in i Europa; i Balkanområdet hade det ena fästet efter det andra fallit för deras övermakt. Av det gamla bysantinska väldet återstod inte mycket mera än Konstantinopel med omnejd, stora områden behärskades av turkiska vasaller och garnisoner.

I detta kritiska skede lyckades den ungerske kungen Sigismund samla ihop något liknande en korsfararhär. När de brokiga skarorna från västra och mellersta Europa med sina riddare i spetsen drog förbi München på sin marsch österut, anslöt sig en ung man till dem för att möta det stora äventyret och följa påvens bud. Han hette Johannes Schiltberger men kallades Hans. Han var inte mycket äldre än snöbollskrigets Fritz som vi mötte i början av denna betraktelse. Då var det saga och lek. Men Hans drog ut mot verkliga turkar, för honom gällde det liv och död. Hans Hjälteborg hette Nikopolis och där träffar vi honom i nästa kapitel.

Den många hundra år djupa klyftan mellan öst och väst, i vars närhet vi rört oss sedan vi träffade lille Fritz på den topelianska skolgården, kan betraktas på olika sätt allt efter de element som har uppehållit den. Där var de otrogna under halvmånen och kristenhetens arvfiende Muhammed, där var kejsarstadens betvingare och janitšarer, senare stod det grekisk-ortodoxa mot det romersk-katolska, det kyrilliska alfabetet mot vårt eget, envälde mot folkvälde . . .

Klyftan är inte helt utjämnad. I söder har det soliga Cypern delats i en grekisk och en turkisk hälft och antiturkiska attityder har rapporterats från Rumänien och Bulgarien med tragiska folkförflyttningar som följd. Mellan raderna tycker man sig läsa om främlingar som borde ha stannat i sitt Asien. Det är ju så Europa minns sitt förflutna. Det var turkarna som — i motsats till araberna — vidgade sitt välde västerut och därmed gav upphov till den stora turkskräcken. Ungefär samtidigt övertog Moskva Novgorods och Kievs roller, klyftan öppnade sig norrut, och i Norden uppkom den kända rysskräcken.

Fruktan blev en atmosfär att leva i. Okunskapen grannarna emellan växte till oförmåga att förstå varandra och oförmågan till ovilja att ha med varandra att göra. Det negativa tog överhanden på båda sidor om klyftan medan generation efter generation föddes och dog.

Bara våra egna fördomar överlevde.

En av historiens många nycker var att de finländska trupperna under fälttåget mot turkarna skulle gå över Donau ganska nära Nikopolis, och en ödets lek att författaren till dessa rader skulle tillbringa många sommardagar 1932 på de heta landsvägarna kring Tavastehus sjungande fula marschvisor om en länge sedan avdöd sultan som han aldrig sett och absolut inte hyste något agg emot:

> Konstantinopolin portin pääll' oli Turkin sulttaanin kuuva ja kuuva/
> ja Suomen poijaat ne saanoivat — hyi helvetti kuin se on ruuma . . .

Schiltberger och riddarna

Vi är inte bortskämda med ögonvittnen från Timur Lenks dagar. När vi har med dem att göra, såsom vid läsningen av Marco Polos, Ibn Battutas, Ibn Chaldūns och andra krönikörers och resenärers skrifter från kanske ännu avlägsnare tider, kan färdledaren ibland förefalla en smula opålitlig i all sin yvighet. Något sådant kan man minst av allt beskylla Hans Schiltberger för. Hans minnen gör tvärtom på grund av sin anspråkslöshet ett sympatiskt och trovärdigt intryck. Det är själva reseskildringen som har gjort namnet Schiltberger känt; om dess upphovsman vet vi inte mycket mera än vad han själv har berättat, nämligen att han föddes 1380 i Bajern och vid unga år anslöt sig till förbidragande väpnade hopar på väg mot Konstantinopel. Därmed börjar ett *curriculum vitae* utan motstycke.

Den spridning och berömmelse som sedan kom hans bok till del lockade senfödda släktingar att försöka höja hans sociala status. Det hette bland annat att han kom från en adlig familj, att han tjänade som väpnare hos en förnäm riddare och att hans efterkommande återfick rätten att kalla sig »marskalkar av Schiltberg». Därmed fick man den unge Hans inlemmad i ett mönster som anstod de tappra skaror av ädlingar vilka kom ridande från Frankrike och Burgund för att frälsa Europa från det turkiska oket. Vare därmed hur som helst, sin största insats med tanke på en vetgirig eftervärld gjorde han genom att bli tillfångatagen två gånger, först i slaget mot turkarna vid Nikopolis år 1396 och senare av Timur Lenks folk.

En stad med namnet Nikopol återfinns lätt på kartan; den ligger på Donaus södra strand sydväst om Bukarest, i det nuvarande Bulgarien. Floden flyter fram där nedanför en hög kalkklippa och på den byggdes någon gång en fästning. Den hade fått uppleva vapenskiften tidigare, men drabbningen år 1396 mellan korstågshären under kung Sigismund av Ungern och turkarna under Bajasid I var antagligen den värsta. Som snart skall framgå präglades den av allmänt kaos, vilket kanske blev Hans Schiltbergers räddning. Det var hans första erfarenhet av krigets verklighet, han var ovan vid allt och alla. Sist och slutligen var han bara en pojke, knappt sexton år.

Ändå har vi honom att tacka för en hel del vardagskunskap om händelserna i sydöstra Europa när medeltiden gick mot sitt slut. Hans minnen har på olika sätt tolkade och kommenterade kommit till vår kännedom via fyra bevarade handskrifter.

Som grund för dessa betraktelser ligger »Hans Schiltbergers Reisebuch», utgiven på mycket ålderdomlig tyska i Tübingen 1885.

Boken behandlar en serie händelser med början år MCCCLXXXXIIII — eftersom det arabiska siffersystemet ännu inte slagit igenom i den delen av världen, enklare sagt år 1394.

Något korståg med det årtalet finns knappast registrerat bland de stora i historien, men mindre fälttåg improviserades på många håll under samma rubrik för att ge dem sken av berättigande och ära. Så var delvis fallet även när unge Hans tog farväl av sitt hem i München.

Ända sedan Clemens VI:s misslyckade försök att göra sin röst hörd och bli åtlydd också i Konstantinopel, hade det turkiska hotet vuxit sig allt starkare, under ett halvt sekel hade ryktena om osmanernas ogärningar blivit allt allmän-

En vapensmed i arbete på 1500-talet. Ur Jost Ammans serie illustrationer av olika yrken.

nare och mera uppfordrande. Först föll Gallipoli, »nyckeln till Hellesponten» (1353), sedan var det Adrianopolis tur (1365) och kort därpå stod det avgörande slaget vid Kosovo där serberna besegrades. Kristenheten befann sig på återtåg; på ungefär trettiofem år efter övergången av Bosporen hade Allah flyttat fram sina positioner till Ungerns gränser. Konstantinopel var, har det sagts, som ett huvud utan kropp, den östra kristenhetens sista fäste. Men där bodde kejsaren.

Han hade redan bett om hjälp, kristenheten i väst var medveten om vad som höll på att ske i öster. Då kom digerdöden och folkmängden i vår världsdel minskade med en tredjedel eller mera. Sedan kom hundraårskriget där Frankrike och England förödde sina krafter, till synes utan mål och mening, med den ena tvisten efter den andra.

Innan det yrvakna Europa riktigt fattade vad som skett stod islam långt innanför dess gränser. Nu stod Ungern i tur, och Sigismund vädjade om hjälp »i släktskapens och Guds kärleks namn». Han var son till Karl IV och själv blivande tysk-romersk kejsare; hotet mot hans land måste avvärjas, ingenting fick uppskjutas till morgondagen.

Schiltberger avverkar de första veckornas händelser mycket snabbt, kanske hade de sjunkit i glömska efter trettio års frånvaro. Turkarnas ledare Murat hade efterträtts av Bajasid, som enligt författaren hade 200 000 man under vapen medan de kristna trupperna, mest fransmän och tyskar, uppgick till 60 000. Men det kunde lika gärna ha varit fråga om 20 000 och 6 000. Det klassiska sättet att behandla siffror, isynnerhet innan nollan togs i bruk och i krigiska sammanhang, tendensiöst och till ytterlighet rundhänt, var allmänt förekommande och ingen personlig svaghet hos Schiltberger. Ju starkare fienden uppgavs vara, desto större var den egna segern, och förlusten fick sin förklaring.

Läser man Schiltberger med försiktig kritik och fyller man ut luckorna med samtida stoff, bland annat ur Froissarts krönika, kan man få en rätt god bild av »de allierades» första veckor på krigsstigen. Något av en seger kunde de tillräkna sig i västra Bulgarien där den turkbesatta garnisonen Vidin frivilligt öppnade sina portar för övermakten. För säkerhets skull dödades turkarna — mot givna löften — och i den allmänna hänförelsen dubbades en mängd nya riddare som belöning för bedriften.

Nästa anhalt längs marschvägen, Rasovo, drygt 12 mil österut, utsattes för ett nattligt anfall utan kungens vetskap, men det misslyckades. Det var ett bakslag för den franska adeln som sålunda gick miste om äran att ensam ha erövrat staden. När undsättning anlände måste Rasovo kapitulera men bara på villkor att staden skonades. Detta utlovades utan dröjsmål och glömdes bort lika snabbt: staden utsattes för ett veritabelt blodbad varefter den plundrades och brändes. Därmed var den andra segern vunnen. Någon tredje skulle korstågshären aldrig få uppleva.

Detta faktum blev endast alltför uppenbart vid nästa möte med turkarna, vid Nikopolis. När Bajasid inte lät höra av sig slöt Sigismunds allierade korsfarare en ring runtomkring staden och inledde en belägring, så övertygade om sin slutliga seger att de helhjärtat hängav sig åt allehanda förlustelser. De inbjöd varandra till fester och middagar, dryckeslag och lokala röverier. Alla slag av förnödenheter hade visligen medtagits, också fruntimmer, och Schiltberger kunde inte nog förvåna sig över riddarnas aptit på denna världens läckerheter. Hans egen vardag såg annorlunda ut. Han gick riddarnas ärenden, polerade deras rustningar, hjälpte dem upp i sadeln och ner igen — om inte fienden redan gjort det — sprang efter vin och stal fjäderfän för deras gästabud. Han såg hur löst folk och allmogemän sändes ut som de första mot fienden när det drog ihop sig till batalj. Därmed ville man locka motståndarens bågskyttar att tömma sina koger på »vanligt folk» innan det blev riddarnas tur att under välvalda stridsrop uppta jakten på storviltet och därmed dra nytta av den enda utbildning de hade fått. Inte för intet kom många riddare från det forna Gallien, där det keltiska sinnet för ordskiften och vapenlekar levde kvar.

På lediga stunder målade riddarna upp korstågets framtid i vackra färger: först skulle de otrogna eller »uslingarna» drivas ut ur kristenheten och erövringen av Konstantinopel tryggas, venetianarna skulle med sin flotta besätta Marmarasjön, Syrien och den Heliga graven skulle befrias, varefter hela korsfararhären efter välförrättat värv, höljd av ära och sin samtids tacksamhet, skulle utskeppas till sina respektive hemorter.

Mera strategi och taktik behövde tappra riddare inte. Även de franska riddarna, helt okunniga om islam och dess folk, ansåg sig goda nog att göra anspråk på de högsta ledarposterna, kanske i kraft av sina anor och sitt antal, trots att den ungerske kungen var närvarande. Vid en rådplägning på Budas höjder hade fransmännens krav visat sig vara oemottagliga för medlingsförsök. Alla riddare var helt enkelt inte ute i samma ärende och en del ansåg sig vara förmer än andra. Detta skulle leda till att hela företaget senare upplöstes i allmän förvirring.

Det skedde alltså vid Nikopolis. Hans Schiltberger berättar med nästan besvärande saklighet hur en del riddare, förbittrade över att ha gått miste om ledarrollen, även nu, i den avgörande drabbningen, gör sina »privata» anfall upp mot fästningen, det ena mera huvudlöst än det andra; han nämner de fallna och sårade i tur och ordning, berättar hur hans egen herre förlorar sin häst men får en turkisk i stället och hur han själv blir tagen till fånga men på grund av sina tre sår inte dödas eller skickas bort utan liksom sina kamrater under tjugo års tid får göra slavtjänst i Gallipoli.

Det vore egendomligt om inte en drabbning med så dramatiska ingredienser och följder skulle ha lämnat några spår efter sig i folktraditionen eller rent av i skriftlig form. Och mycket riktigt: tillgängliga samlingar (redovisade i föregående kapitel) upptar som första och enda exempel på världslig diktning från denna tid en versifierad och till och med namngiven skildring av slaget vid Nikopolis.

Skalden Peter von Rez har behövt över 230 versrader för

att beskriva vad där försiggick.

Efter ett så grundligt nederlag fanns det ingen plats för storvulna eller nedsättande ord om fienden; dikten är i stället ett slags ärlig, självupplevd krönika över den serie olyckor som då drabbade de kristna. Först tog de till flykten och löpte över stock och sten:

»über stöcch und über stain
müst wir laufen all gemain —»

Flykten slutade i neslig fångenskap —

i köld och hunger utan bröd
vi ledo en förfärlig nöd —

Liksom för att övertyga sig själv och andra inskjuter von Rez att alla hans ord är sanna:

»das ist sicherleich geschechen!»

Trots dessa försäkringar har en nutida läsare svårt att ta Peter von Rez helt på orden — skalder har ju sin egen marginal för litterära friheter. Men förtroendet för turkvisornas roll som sanningsvittnen ökar när vi i dikten läser att

»da lag wir in die dritten wochen —
an einem montag geschach der streit.»

Idoga forskare lär nämligen ha kunnat bekräfta att belägringen verkligen varade i tre veckor och att striderna började en måndag.

Jämfört med denna dikt är Schiltbergers prosaberättelse en saklig redogörelse där han nöjer sig med att skildra vad han själv minns eller hört andra minnas. På annat sätt skall det väl inte tolkas att det stora slaget vid Ankara, där

Illustration till Rolandssången från mitten av 1300-talet. I rustningar av denna typ försökte riddarna rädda sig simmande i Donau efter nederlaget vid Nikopolis.

Timur Lenk sände ett tusental kameler i striden och där Schiltberger var med, avfärdas på tre eller fyra rader, likaså intagningen av Damaskus, där Timur lät innebränna 30 000 människor.

Här lämnar vi Schiltberger för en stund. Hans öden bland tatarer och mongoler faller utanför ramen för vårt intresse denna gång, i all synnerhet som han ofta sida upp och sida ned citerar andra samtida texter. Sådan var tidens sed.

När han sedan återvände hem längs Donau, till Bajern och sin ungdoms kristna trakter, skrev han i sina minnen:

> »Gott dem (almächtigen) sey gedanckt, das mir der macht und crafft hat un mich behüett und geschirmet hatt zwei und dreyssig jar, die Ich, Hanss Schiltberger, inn der haidenschafft gewesen pin und alles, das vorgeschrieben stet, erfaren und gesehen han.»

Vi har all orsak att glädja oss över Schiltbergers räddning. Hans bok ger en inblick i tidens riddarmentalitet. Den i sin tur hade sina orsaker, sina normer och former som vi kan begrunda i skarp kontrast till vår egen tids rationella krigföring.

Alf Henrikson har i »Byzantisk historia» gett sin egen personliga version av hur irrationell krigföringen var på Schiltbergers tid och hur det troligen gick till vid Nikopolis när sultan Bajasid oväntat dök upp på scenen:

> »De unga adelsmännen satt till bords när det kom rapport om hans annalkande; muntert avbröt de då sitt kalas, kröp in i sina rustningar, steg till häst och red till angrepp. En rad stolpar som turkarna hade hunnit slå ner till skydd mot kavalleriet lyckades de forcera, men där bakom stod janitscharerna beredda att hejda attack-

en, och inom kort var hela riddarhären dödad eller fången. — — En bayrare som hette Schiltberger skonades till livet därför att han var mycket ung, och från honom härrör en detaljerad skildring av dagens ohyggligheter; han säger att bödlarna arbetade från arla morgon till sena eftermiddagen och tog livet av tretusen riddare.»

Efter slaget vid Nikopolis lär Sigismund ha sagt att det förlorades på grund av fransmännens stolthet och fåfänga. Han kunde ha uttryckt samma sak på ett annat och höviigare sätt: på grund av deras överdrivna och självuppoffrande mod. Eller på grund av att de ansåg sig så överlägsna islams folk, att vägen måste stå öppen för dem till Jerusalem. Därför hade de ju tagit korset i Guds namn. Visserligen hade Bajasid i sin tur låtit dem veta att han året därpå skulle vattna sina hästar vid Peterskyrkans altare i Rom — men det var förstås bara islamisk propaganda. I vilken mån riddarna själva visste sig vara påverkade av kristen propaganda är dessvärre svårt att bedöma.

När en historiskt okunnig person med stöd av Schiltbergers bok söker reda ut varför de franska riddartrupperna så övertygande besegrades också vid Crécy och Poitiers och sedan lika övertygande igen besegrades vid Nikopolis och Azincourt, och alla fyra gånger stöter på något slags överdosering av riddaranda, ett slags maximering av kraven vid lokala torneringar och festspel, trasslar han lätt in sig i själva riddarbegreppet. Må det vara oss till tröst att inte heller Hans Schiltberger, på mycket närmare håll, tycktes fatta sammanhangen. När hästarna skjutits bort under riddarna låg hjältarna hjälplösa på marken ungefär som blanka tordyvlar på rygg, och när de — såsom skedde vid Nikopolis — simmande i sina tunga rustningar sökte fly över till båtarna på Donau, då kunde turkarna räkna med en fullständig seger.

En föreställning om prakten i riddarnas läger timmarna innan katastrofen får vi genom att i likhet med Barbara W Tuchman undersöka riddarnas rekvisita . . .

» — nya livréer i glättigt grönt och 24 vagnslaster stora och små tält i grön satäng samt fyra väldiga fanor med korsets tecken, en bild av madonnan omgiven av Frankrikes liljor och Burgunds och Nevers (riddarens eget) vapen. Vimplar för lansar och tält och trumpeter, sadelfiltar av sammet och heraldiska dräkter för tolv trumpetare prydda alla med samma emblem i guld och silver, många dekorerade med ädelstenar och elfenben.»

Detta var vad en av de ledande franska riddarna ansåg sig behöva i fält för sig och sitt tvåhundra man starka följe.

Om detta närmar sig det otroliga i fråga om den materiella bakgrunden i Nikopolis, vad sägs då om ett annat citat ur samma bok (»En fjärran spegel») om riddarnas andliga utrustning?

»Så lockande kriget är! När man vet att ens kamp är rättvis och ens blod är redo för strid, får man tårar i ögonen. Hjärtat känner en ljuv trofasthet och ömkan vid anblicken av en vän som blottar sin kropp för att utföra och verkställa sin skapares bud. Vid hans sida förbereder man sig på att leva eller dö. Ur detta kommer en ljuvlig känsla som ingen som inte har upplevt det någonsin kan förklara.»

(Övers. Lorenz von Numers)

Hur långt kan dödandet som kallelse sublimeras?

På motståndarsidan, hos de osmanska turkarna, såg krigarlivet ganska annorlunda ut. Tyvärr har Schiltberger rätt lite att förtälja om sina nya herrar när han väl kommit i

Rustningar som denna, gjord för en kejsare, var särskilt i hetta och köld en plåga för ryttare och häst. Utan häst var ryttaren totalt hjälplös.

tjänst hos dem. Kanske berodde det på att islam band dem samman i ett enhetligare kollektiv utan plats för individuella egenheter. Profetens ord i Koranen avgjorde mellan orätt och rätt, gott och ont, tillåtet eller inte i fråga om mat och dryck, de betydde en mycket stramare livsföring och därför en stor tillgång i kampen mot de splittrade och spridda riddarhoparna, envar under sin egen herre och egen fana.

Nederlaget vid Nikopolis blev trots allt inte avgörande men väl en milstolpe på vägen till Konstantinopels fall någon mansålder senare. Hur avgörande detta i sin tur blev framgår av att vi ofta ser historiker sätta punkt för hela medeltiden just där eller vid år 1453.

Bombastus Paracelsus, läkare

När en lekman av idag, obevandrad på de lärdas färdvägar i tid och rum men på jakt efter något matnyttigt för sin egen världsbild utan förvarningar stöter på namnet Philippus Aureolus Theophrastus Bombastus von Hohenheim, måste den första reaktionen bli en smula förvirrad. Intrycket förstärks vid underrättelsen om att den nyförvärvade bekantskapen av många räknats bland de verkligt stora andarna, ett geni, en föregångsman. Namnet tål att analyseras närmare.

Philippus säger en knappast någonting, Aureolus leder kanske tankarna till något helgonlikt och skimrande. Theophrastus har en uppenbar anknytning till antikens namnkunnige botaniker med samma namn. Denne Theophrastus i sin tur fick en betrodd lärjunge i Galenus, läkaren och filosofen, vars medicinska auktoritet bevarades ohotad långt över ett årtusende eller fram till 1500- och 1600-talen. Den nye Theophrastus väntades tydligen bära denna tradition vidare. I stället gjorde han allt för att gräva dess grav.

Så återstår av det ståtliga namnet ännu Bombastus och von Hohenheim. I första hand kunde man tro att det är fråga om en nyinflyttad grönköpingsbo eller någon som upphöjt sig själv till adligt stånd för att i medeltida rustning uppta kampen mot obefintliga väderkvarnar. Men så är inte fallet. Den ifrågavarande personens far var en läka-

Paracelsus. Ur Kurt Seligmann »Das Weltreich der Magie» 1948.

re vid namn Wilhelm Bombast och familjen tillhörde den adliga släkten von Hohenheim i södra Tyskland. Av adelskapet återstod varken ära eller förmögenhet vid tiden för Philippus födelse, år 1493. Samma år återkom Columbus från sin första färd till det han trodde var Indien.

Trots Columbus' rätt allvarliga misstag förbereder sig världen för det kommande 500-årsjubileet. Återstår att se vilket intresse som skall komma Bombastus von Hohenheim till del, sannolikt inget alls på våra breddgrader. Och ändå har det hävdats, på fullaste allvar, att hans insats väl tål jämförelse med Columbus' eller i betydelse överträffar den. Om detta påstående förefaller något överraskande ligger orsaken hos oss vanliga dödliga som genom århundraden påstås ha tillbakavisat all kunskap om Paracelsus och hans livsverk.

Att doktor Theophrast Bombast, som han väl egentligen borde kallas, blivit känd eller ökänd under namnet Paracelsus beror väl närmast på att han av sin samtid kallades så; det var ett namn han förvärvade sig. Kanske var det avsett att stämpla honom som läkare och valt med ironisk anknytning till antikens medicinska sakkunnige Celsus, som levde på kejsar Tiberius' tid; därav namnet Para-Celsus. Kanske var det ett självtaget namn, varmed »Paracelsus den store» ville betona avståndet till sin föregångare.

En av orsakerna till att Paracelsus inte helt fallit i glömska är säkerligen hans ytterligt sammansatta och färgstarka personlighet. Både som syndfull människa, kontroversiell författare och kringvandrande läkare ägde han alla förutsättningar att väcka uppmärksamhet; vänner och fiender samlade sig i grupper för eller emot honom men ingen förblev oberörd. I detta avseende tillhandahöll tidsepoken, början av 1500-talet, alla tänkbara ingredienser för motsättningar i stor skala. Luther, Calvin, Ignatius Loyola, Copernicus, alla var de samtida till Paracelsus. Världsbilden knakade i sina fogar. I väster hade man upptäckt en ny världsdel och i öster hotades Europa av turkarna.

Också när det gällde Paracelsus förkunnelse upphörde de eviga sanningarna både att vara sanningar och eviga. Medan en del ville fördöma honom som charlatan och hans läkekonst som vidskepligheter från ett lyckligtvis redan passerat stadium, ville andra tvärtom höja hans tänkande — och till och med hans existens — till en nivå som bara ett fåtal mänskor förunnades fatta: han var symbolen för den epok av övernaturlig visdom som väntade mänskligheten.

Med tanke på de stora värden som ansågs stå på spel är litteraturen kring Paracelsus inte till sin omfattning förvånande men i sin kontinuitet nästan förbryllande. När engelsmannen John Hargrave i London (1951) utgav sin digra bok om honom lydde titeln: »The Life and Soul of Paracelsus». Innehållet rör sig som väntat på två plan, ett »normalt» och ett annat, själsligt och översinnligt.

Hargrave hör till de devota anhängarna. Om Columbus upptäckter säger han att de »in fundamental importance for the spiritual, mental, and physical development of mankind» inte kan mäta sig med de kosmiska sfärer som Paracelsus upptäckte. Han var en av de ytterst få utvalda som beskärdes lyckan att »dricka stjärnornas dagg».

Nu skall man inte tro att Hargrave var ett okritiskt undantag. Författaren hänvisar i företalet till en sedan länge utsåld upplaga i två volymer av A.E. Waite med titeln »Hermetic and Alchemical Writings of Aureolus Philippus Theophrastus Bombast, of Hohenheim, called Paracelsus the Great . . . » (1894) liksom till en annan biografi från 1945, i vilken huvudpersonen Paracelsus kallas ett geni mitt i en kaotisk värld.

Vid en snabb överblick av nyare litteratur om Paracelsus har det sitt intresse att iaktta hur man ännu i vår livstid velat utnyttja hans läror för egna intressen. En bok om de många hemligheterna kring honom, »Die Geheimnisse», publicerad under Hitler-tiden (1941), påpekade likheterna mellan den nya värld som föddes ur medeltidens mörker och det nya och »tredje rike» som fyrahundra år senare skulle födas ur det andra världskriget . . . »Wie damals, so ist auch heute eine Kultur in Stücke gebrochen und eine neue will sich formen; wie damals, so wird Europa heute in den Process des neuen Werdens mit oder wider Willen hineingezogen . . . »

Liksom en gång under Paracelsus tid måste Europa också nu, under Hitlers regim, följa de nya kosmiska signalerna vare sig det ville det eller inte.

Men inte nog med det. Man tog också Faust till hjälp. Det sägs mycket entydigt i nyss citerade inledning att den nya tiden bär Fausts signatur: »— die grosse Zeit des Umbruchs und der Wende trägt das Signum Doktor Fausts. Wir sehen die Jahre Paracelsi heute nur als die Jahre Johann Fausts». Det som förenade de två själarna, Faust och Paracelsus, var det oeftergivliga kravet att ständigt bara fråga, undersöka och veta, och offerviljan att ge allt för gåvan att veta allt.

Det är med ett igenkännande leende man efter att ha tillbringat någon tid bland böcker om och av Theophrastus Bombast, vaknar upp till nutida förhållanden och i Nordisk Familjebok läser följande rader om Faust: » — ryktbar tysk svartkonstnär, vars äventyr och underkurer snart togs om hand av ryktet och folkfantasien.» (— —) »Han synes ha varit en stortalig och skrytsam charlatan, som älskade att pråla med sin lärdom och sina förmenta underkurer.»

Likheterna slutar ingalunda därmed. De var ju samtida både i dikt och verklighet. För Paracelsus brukar åren 1493—1541 uppges och för Faustus, hur diffusa de än är, åren 1480—1539. Femhundra år senare frågar sig en lekman om allting bara var en lek med oförklarliga tillfälligheter. Doktor Faustus blev väl omhändertagen av Goethe och därmed i det närmaste odödlig, Paracelsus i sin tur levde gott vidare på egen hand i mer eller mindre ockulta sammanhang och med bevarad karisma.

Åtminstone levde han i Österrike ännu när vårt eget sekel var ungt. *»Zeitschrift für österreichische Volkskunde»* publicerade år 1911 en uppgift om att hans rykte som alkemist ingalunda bleknat med åren, åtminstone inte i trakterna av Salzburg. Även om han där kallades »der grosse marktschreierische Scharlatan», ett uttryck som man gör klokt i att lämna oöversatt, erkändes hans förmåga att förvandla nästan värdelösa mynt till rent guld — särskilt om det gällde att med nämnda mynt betala krögarna vad de gjorde anspråk på. Denna avundsvärda färdighet, verklig eller uppdiktad, gav upphov till en dikt . . .

»Der theure Theophrast, ein Alchymist von allen,
Kam einst in dies Haus und kunte nit bezallen
die Zech, die er genoss. Er trauet seiner Kunst,
Mit welcher er gewann vil grosser Herrn Gunst . . .»

Dessa ord prydde en målning på en krogvägg efter Paracelsus omdiskuterade död 1541. Kort därförinnan hade han på sin dödsbädd funnit sådan fröjd i påfundet att låta strö sitt hemliga guldelixir över floden Salzach, att han kvävdes av skratt och uppgav andan. När man från bron tittar ner i vattendjupet kan man ännu idag se bottensanden skimra med en oförklarlig lyster.

Söker man hållpunkter för en saklig orientering i denna komplicerade mytbildning, förefaller det rimligt att konsultera Paracelsus' landsman i Basel, den analytiska psykologins grundare C.G. Jung, i all synnerhet som han i början av 1940-talet höll ett par uppmärksammade och sedermera tryckta föreläsningar om Paracelsus som läkare och som filosof.

I dem kallades Paracelsus både en väldig stormvind (»ein gewaltiger Sturmvind») och ett vulkanutbrott, som störde och förstörde allt i sin väg. Sådana naturföreteelser har aldrig varit lätta att definiera, menade Jung. Även om han begränsade sig till Paracelsus gärning som läkare mötte han honom i så många gestalter och på så många nivåer att en kartläggning av hans karaktär visade sig omöjlig. Detsamma gällde hans verksamhet som filosof och skriftställare — överallt fann Jung en blandning av mänskor,

gudomligheter och demoner. Överallt mötte han en manisk motvilja mot allt vad godtagna auktoriteter hette, åtminstone alla som inte var förankrade i astrologi eller alkemi eller folklig läkekonst.

Paracelsus-litteraturen blottar det motsägelsefulla i hans karaktär. Han var både läkare och patient; därför är det vanskligt att försöka följa — än mindre förklara eller försvara — en konsekvent medicinsk linje i hans förkunnelse. Hans katolskt lärda motståndare kallade honom medicinens Luther och pekade på hans besynnerliga påfund att blanda alkemi och metallurgi i konsten att bota folk. I stället för den dittills åberopade vätskebalansen ville han som tecken på hälsa införa salt, svavel och kvicksilver. Intresset för mineraler väcktes när han som pojke på nära håll följde med sin fars undersökningar i gruvdistrikten, ägnade att utöka familjen Fuggers redan ansenliga förmögenhet.

Paracelsus' syn på mänskokroppens konsistens och reaktioner var alltså en helt annan än den gängse vedertagna. Om man därtill lägger att han hånade också kyrkans män — men inte sin Gud — låg domen för kätteri nära till hands. Och kättare skulle som bekant först överbevisas och sedan brännas.

Tankarna går osökt till dominikanerbrodern Giordano Bruno från Noli, nära Neapel. Kanske inte så mycket för den tragiska död han mötte — inkvisitionens offer räknades ju i tusental — som för de många likheterna med Paracelsus. Båda ville vidga mänskolivet ut mot det kosmiska, båda kände sig instängda bland enfaldiga fördomar och sökte sig vidare vyer under årslånga vandringar runtom i Europa. Båda blev besvikna trots att de behärskade den klassiska litteraturen beträffande kropp och själ; Paracelsus undrade öppet hur så många ansedda högskolor i så många länder kunde utbilda så många ansedda åsnor. Ingen hälsade honom välkommen åter. Slutligen bör det väl erkännas att de båda av många vittnesbörd att döma gjorde ett ganska osympatiskt intryck på sin omgivning.

Något av en höjdpunkt under sin nästan 50-åriga drift genom en oförstående samtid upplevde Paracelsus i Basel året 1527. Han hade blivit kallad dit av ingen mindre än självaste Erasmus Rotterdamus, emedan dennes vän och förläggare, den kände boktryckaren Johann Frobenius av läkarna hade hotats med amputation av det ena benet. Paracelsus kom, såg och segrade. Boktryckaren undgick den onödiga amputationen, Erasmus fick behålla sin vän och hans tjänster och vi senfödda läsare fick veta vad en lärd humanist tyckte om saker och ting på 1500-talet. Och vi fick läsa hans bok till dumhetens lov.

Paracelsus som dittills varit känd och ökänd blev nu även erkänd och avancerade till något av en stadsläkare.

Samma år, 1527, när studenterna firade sina årliga midsommarfester med öppna eldar — såsom vi gör det i Finland ännu idag — tog sig Paracelsus före att utanför universitetet slänga en högt ansedd medicinsk skrift i lågorna. Det var en handbok av araben Avicenna, som i sin tur byggde på Galenus och andra klassiker. Endast tre veckor innan denna utmanande demonstration av förakt för alla auktoriteter hade Paracelsus på universitetets vägg satt upp en öppen inbjudan till alla och envar att infinna sig vid hans föreläsningar. Tio år tidigare hade Luther i Wittenberg spikat upp sina historiska teser.

Fristen i Basel blev inte lång; innan ett år gått till ända hade magistrar, apotekare och doktorer lyckats övertyga Paracelsus om förmånerna att fly — och en natt var han försvunnen. För andra gången befann han sig ute på Europas vägar, ännu inte 35 år gammal, förebådande Goethes kloka råd: »Die beste Bildung findet ein Gescheiter Mensch auf Reisen».

Bortsett från det ofantliga svärd som Paracelsus brukade

bära instucket i sitt breda läderbälte, måste han på sina vandringar ha gjort en snarare löjlig än respektingivande figur. Några hotelser eller beskyllningar av det slag som utslungades mot honom kunde inte avvärjas med andra vapen än förnuftets och tungans — och demagogens, naturligtvis. Men kanske behövde han svärdet i sitt umgänge med de landsvägsrövare, zigenare och lösdrivare som han mötte på vägar och värdshus och som tog honom för en bråkig bonde. Han gick nämligen inte klädd i läkarnas röda rock utan lär närmast ha sett ut som en slaktare inför kampen med ortens argaste tjur. Hur han under sådana omständigheter fick tid för sina många skrifter är och förblir ett mysterium. Men det är helt oväsentligt när det gäller en så gåtfull och kraftfull person som doktor Theophrastus Bombastus von Hohenheim, av sig själv och andra kallad Paracelsus den store.

Även om de lärda har försökt övertyga vår generation — troligen med föga framgång — att medeltiden inte var alldeles så trist och mörk som man velat se den och att gränsen mot den nya tiden borde flyttas bakåt i tiden, existerar där en övergång som skall respekteras, kanske för klarhetens skull. Paracelsus har framställts som en av övergångsgestalterna. Att vi har lättare att fatta honom som figur än som »gestalt» är härvidlag ovidkommande. Det väsentliga ligger i själva positionen, i den hedrande placeringen mellan två epoker. En sådan position når ingen med prat och trollkonster, därtill behövs en hållbarare substans.

»He was a man of divided but profound genius», dikterade dr Jacob Bronowski 1969 om Paracelsus, när han förberedde sitt TV-manuskript för BBC. Det var en uppriktig hyllning. Paracelsus var tydligen en kaotisk begåvning med all den oro och splittring detta brukar föra med sig.

Då hans minne lyckats överleva upplysningstidens krav och ännu tycks locka vetenskapsmän, bland annat inom lärdomshistorikernas illustra krets, får man väl anta att de framför allt har haft hans rastlösa sökande efter lärdom och klarhet i tankarna och att kunskaperna som sådana kommit i andra hand.

Mera kritisk än Bronowski men också mera omfattande är den mångkunnige Sten Lindroth i sitt arbete på ca 500 sidor om »Paracelsismen i Sverige till 1600-talets mitt». Där läser vi också, att Erik XIV:s son med Karin Månsdotter, Gustav Eriksson Wasa, bland sina alkemistvänner i kejsar Rudolfs Prag fick namnet »den andre Paracelsus» — kanske av hövlighet?

En överraskning är att Åbosonen Sigfrid Aronus Forsius, som sedermera blev astronomiprofessor i Uppsala och kyrkoherde i Ekenäs, omfattade en hel del av Paracelsus' principer, inte minst som astrolog, och därmed bidrog till att sprida paracelsismen vidare i Norden, citerande honom i sina egna skrifter etc. En av dem hette »Physica» och där ingår nedanstående dikt, i vilken Forsius helt i paracelsisk anda betraktar himlen som en del av den stora helheten:

»Himmelen är then bäste deel
af Elementer fyre,
Hans Creatur wthan alt feel,
Äre the Änglar dyre . . . »

Sångare och skomakare

En hette Simon Wolff. Som brukligt var på hans tid ärvde han sin fars yrke och blev spiksmed. På äldre dar arbetade han också med bössor och fyrverkeripjäser och blev med tiden förmögen och betrodd av sin omgivning i Nürnberg. Han var gift fyra gånger och hade aderton barn, men bara några få av dem nådde vuxen ålder.

Med sin bror Heinrich deltog Simon i sångargillenas musikaliska övningar. Enligt bevarade dokument brukade han med ljudlig stämma föredra valda bitar ur sitt eget sällskaps repertoar, nattetid och på stadens gator, varför han tidvis berövades sitt medlemskap. Själv utökade han repertoaren med ett tjugotal sånger eller visor. Han blev sextioett år.

En annan hette Linhart Ferber. I motsats till sin sångarbroder Wolff var han inte en så kallad duktig karl, varken efter dåtida måttstock eller av domstolsprotokollen att döma. Han började som honungsbagare men hans kakor blev aldrig populära, inte heller kunde han som tillfällig hjälp i stadens vinlager och spannmålsförråd försörja hustru och nio barn till deras belåtenhet. Därför deltog han i sångargillenas sysslor, skrev själv ett fyrtiotal sånger och ett skådespel. Det betydde biinkomster och personlig trivsel.

Efter dessa två porträttskisser har åtminstone den operakunnige läsaren kunnat sluta sig till sammanhangen. När skomakaren Hans Sachs, *primus inter pares* bland »mäster-

Huset vid Spitalgasse 19 i Nürnberg, där Hans Sachs levde nästan hela sitt liv. Efter ett kopparstick av Johann Adam Klein (1792—1875).

sångarna» i Nürnberg, i det följande blir föremål för några kommentarer är det inte längre överraskande.

Det imponerande antal presentationer av Mästersångarna som Wagner-litteraturen omfattar både i ord och toner, borde mänskligt sett avskräcka till och med fackmän från att komma med något nytt. För en lekman återstår nöjet att söka finna ett kryphål till Hans Sachs och hans hus vid Spitalgasse 19 i Nürnberg. Detta hus blev sedermera en välbesökt krog, »Gasthaus zum güldenen Baeren», men kallades allmänt Hans Sachs-Haus. Där bodde skomakarmästaren hela sitt liv, där hade han sin verkstad och där levde hans gesäller och tjänstefolk. — Huset förstördes totalt under senaste krig.

Detta ovanliga sätt att närma sig en av mästersångarna, att objuden tränga sig in i hans vältilltagna och -utrustade korsvirkeshus i fyra våningar, blottar en uppenbar kontrast mellan den Hans Sachs, som musikvänner sedan 1860-talet har sett framställd på scenen, och den andre Hans Sachs som verkligen existerade en gång på 1500-talet i Nürnberg. Kontrasten visade sig med all tydlighet när hans minne för ett tiotal år sedan firades med en vetenskapligt påkostad utställning, kallad »Hans Sachs und die Meistersinger in ihre Zeit», i rådhuset i Bayreuth.

Orden »in ihre Zeit» pekade entydigt på 1500-talet, Hans var född 1494. I företalet till en katalog sades det rent ut att den romantiserade teaterskomakaren hade föga eller ingenting gemensamt med arbetslivet i den »fria riksstaden» Nürnberg, som på den tiden höll på att lämna medeltiden bakom sig eller redan hade gjort det. Det är denna väldokumenterade kontrast mellan fiktion och verklighet som väcker en lekmans intresse, en dörr som tydligen stått relativt öppen i något hundratal år. Därmed vare också sagt att olikheterna inte har med musiken att göra och att Wagner inte kan utpekas som den »skyldige». På scenen är hans opera uppbyggd helt efter tidens gängse uppfattningar om medeltiden som en epok av samlad efterblivenhet. Därtill kommer att Nürnberg i verkligheten före Wagners tid upplevde en period av tillbakagång, då staden med sina ålderdomliga korsvirkeshus med tegeltak måste ha gjort ett just så pittoreskt intryck som Mästersångarna behövde för att passa in i en rekonstruerad miljö och som till råga på allt kunde väntas tillfredsställa publiken.

Men Nürnberg i början av 1500-talet, på Luthers tid, var i högsta grad annorlunda, efter Köln och Augsburg den största staden i det dåvarande Tyskland. Riket bestod av några hundra små, ganska oberoende och relativt självständiga områden, styrda av världsliga eller andliga furstar, t.ex. markgrevar, borggrevar, lantgrevar och vanliga grevar — för att bara välja *en* kategori. Resten var städer, omgivna av vattengravar och murar.

Mellaneuropa upplevde en tid av urbanisering och Nürnbergs gynnsamma läge bidrog till dess snabba blomstring. Det uppstod en ekonomisk växelverkan mellan stad och landsbygd, båda behövde varandra, vilket i sin tur betydde nya marknader, nya yrken och nya grupper av hantverkare. Nästan alla sångarskolor och -gillen bars upp av sina sammanslutningar; i deras färdigheter och mångsidiga intressen hade städerna sin välfärd och rådsherrarna inom det nya borgerskapet bestämde hur välfärden skulle fördelas.

Simon Wolff, som vi mötte nyss, var spiksmed, Ferber var bagare och vinlagrare, Sachs var skomakare, hans far var skräddare . . . och ändå har vi ännu inte träffat någon med ett yrke typiskt för Nürnberg.

Sällskapet måste nämligen utökas med boktryckeriernas folk, illuminatorer och illustratörer inte att förglömma, vidare instrumentmakare för ur, vågar och kompasser, guld- och silversmeder, tenngjutare och vävare, kammakare och klockgjutare, liesmeder, bleckslagare och bryggare . . . I de yrkesgrupperna har idag miljoner mellaneuropéer sina rötter. Och med deras produkter spreds talesättet att *»Nürnbergs Hand geht durch's ganze Land»*. Staden blev känd över hela riket. Samma verkan hade naturligtvis de återkommande kejsarbesöken och riksdagarna.

Må det vara en senfödd skrivare tillåtet att i denna hedervärda församling av förfäder framhäva bokmakarnas roll. Utan dem vore ju vår kunskap om de andra mycket ofullständig. För oss, som anses leva i ett informationssamhälle utan motstycke i äldre tider, borde dessutom en inblick i den första bokläsargenerationens förhållanden ha

Hans Sachs, skomakare, diktare, mästersångare på höjden av sin bana.

sitt givna intresse.

Som självskrivna vägvisare anmäler sig Hans Sachs och hans samtida Martin Luther; det har sagts att utan det tryckta ordet skulle reformationen aldrig ha spritt sig så snabbt som den gjorde, kanske till och med råkat på avvägar, och utan det tryckta ordet skulle Hans Sachs aldrig ha blivit den mest lästa diktaren i riket. Det vore orättvist och oriktigt att här glömma en tredje samtida, nämligen Albrecht Dürer, inte bara för de konstverk som är knutna till hans namn utan för att ord och bild från första stund följde och kompletterade varandra. Också de billigaste skillingtryck försågs gärna med ett träsnitt för att väcka intresse och hjälpa dem, vilkas läskunnighet inte hade kunnat hålla jämna steg med tryckerierna.

Det var till en stor del pamfletter av olika slag som till exempel i propagandan kring Luther fick sköta det handgripliga och litet smutsiga arbetet; jämförda med de dyra böckerna var flygskrifterna oöverträffade, snabba och billiga, lättspridda occh lättrodda tack vare sina bilder. Ingen kunde tvivla på i vilket syfte de var gjorda: det vimlade av djur, rättare sagt odjur, med eldsprutande gap, vassa klor och huggtänder, smådjävlar och motståndare i alla tänkbara skepnader och de bekämpades av himlens goda väsen med änglar i strålglans vid paradisets portar. Vi behöver bara tänka på kalkmålningarna i våra egna medeltidskyrkor för att känna igen dem. De hade samma uppgift att locka, avskräcka och vägleda som träsnitten i Hans Sachs moraliserande smådikter.

Man kan nästan låta sig luras till en fråga, lika enkel att ställa som omöjlig att besvara: hade Hans Sachs och Martin Luther bara en sagolik tur när de båda kunde ta boktryckarkonsten i sin tjänst just när de mest behövde den? Man har uppskattat antalet tryckerier i Mellaneuropa vid tiden för Luthers berömda teser till omkring tvåhundra på ett femtiotal orter.

Det gick otroligt snabbt; inom ett tjugotal år hade de viktigaste städerna fått sina första boktryckare. Efter Gutenbergs motgångar blev hanteringen med trycksaker småningom helt lönsam. Det mesta låg under samma tak, tryckeriet, förlaget, bokhandeln, distributionen, inbindningen, skrivarna, konstnärerna, gravörerna . . . man tillverkade helgonbilder och spelkort för pilgrimerna med samma färdighet som man skrev legender och nidvisor, man lånade andras texter utan en tanke på ersättning; honorar utbetalades bara i undantagsfall. I arbetet kring en bok samlades på den tiden en stor skara kulturskapande människor. Tryckeriet i Nürnberg anses ha sysselsatt omkring etthundra personer.

När Hans Sachs redan i unga år kände en dragning till det skrivna hade han att välja mellan latinet, som han läst i skolan, och folkspråket, som då banade sig väg till allt vidare kretsar. Han valde sitt eget modersmål — i motsats till Erasmus från Rotterdam — och han fick uppleva dess genombrott, som han själv mer än de flesta bidrog till. Det var skomakartyska, har det sagts, men i detta fall hade skomakaren också lärt sig latin. Bara när man hade ett eget språk att skriva på var det tryckta ordet och förmågan att läsa det någonting värda.

Förutom turkfaran och de otrognas hotande framryckning i Ungern var trosfrågorna det allmänna samtalsämnet, som tryckeriernas pamfletter var de första att sprida från trakt till trakt. Trots den försiktiga hållning som de maktägande i Nürnberg i början intog gentemot allt det nya var Hans Sachs redan på 1520-talet som nygift och nybliven mäster beredd att ta ställning *för* Luthers läror. Det syntes tydligast i den dikt han lät trycka som en uppenbar protest mot att stadens myndigheter nyss hade förbjudit försäljningen av Luthers egna skrifter. Hans Sachs' dikt hette *»Die Wittembergisch Nachtigall, die man yetz höret überall»*.

Det förefaller oss vara på gränsen till det komiska att förlikna den robuste och ofta ganska grovhuggne bergsmanssonen Martin Luther med en skönsjungande näktergal, men samtiden förstod allegorin på ett sundare sätt: Luther var den klara och rena rösten som hördes vida omkring. Dikten var på hela sjuhundra versrader och började, i en översättning av Axel Åkerblom från 1909, med följande väckelserop:

»Vak upp, si, dagen nära står!
I hult och hage, hör jag, slår
den ljufveliga näktergal;
det klingar öfver berg och dal.»

Liknelsen får nya drag när alla markens djur vaknar av sången, varvid lejonet (= Leo, påven) och vargarna (= hans kardinaler) driver ihop de stackars fåren (= de rättrogna kristna) till en darrande skock:

»Hjorden ha de tillhopaskockat
och klippt och mjölkat, skinnat, plockat.
I gräset ormar i deras spår
sögo beständigt de stackars får
till själfva märgen i deras kropp,
att fåren nästan frättes opp
allt under nattens timmar tunga.»

Efter att på detta sätt ha prisat Luther övergick Sachs till att förklara hans läror. Diktens värde, säger de sakkunniga, låg i att den på ett folkligt sätt, fjärran från teologernas utläggningar, tog parti för Luther och samtidigt förklarade varför.

Detta enda exempel må vara nog för att belysa Hans Sachs religiösa och moraliserande diktning — översättningen med de sugande (!) ormarna gör kanske inte originalet rättvisa. Hans världsliga diktning kan lämpligen studeras i anknytning till skomakaryrket eller de musikaliska intressena. Sammanlagt omfattade hans produktion över trettio handskrivna band, när han på sin ålderdom ordnade sitt litterära förflutna: tvåhundra skådespel, tusenåttahundra berättande dikter och nästan femtusen mästersånger.

Det var alltså naturligt om Goethe kände sig manad att rikta ett tack till sin landsman och diktarbroder. Han föreställde sig skomakaren stående i sin verkstad med huvudet fyllt av tankar, där rymdes en hel värld i vardande —

> »Er fühlt dass er eine kleine Welt
> in seinem Gehirne brütend hält — »

Då träder en ung kvinna emot honom och låter honom förstå att han är utvald att se världen sådan den är och att säga sanningen om den —

> » — die Welt soll vor dir Stehen,
> wie Albrecht Dürer sie hat gesehn.»

För Hans Sachs tedde sig världen sådan som Albrecht Dürer såg den och som Goethe önskade se den. Men medan Sachs fortsatte som skomakare vid Spitalgasse arbetade Dürer många år som Karl V:s gunstling i kejserliga gemak. Som yngre hade de mera gemensamt, men Dürer var egentligen invandrare och gick sedan sina egna vägar.

Hans Sachs var ende sonen i en skräddarfamilj. Då möjligheter fanns lät man pojken gå i en latinskola före den två-åriga yrkesutbildningen och han hade alltså en bättre grund än de flesta att bygga på, när vandringarna började. Under fem år (1511—1516) strövade han omkring i det dåtida Tyskland, arbetade en tid här och en annan där, såsom brukligt var, bland annat som drevkarl vid kejsar Maximilians jaktutflykter i Innsbruck, och lärde sig mycket om människorna och hur de levde. Kort efter återkomsten fick han sin mästarvärdighet, gifte sig och fick sju barn med sin hustru Kunigunde. När hon dog efter över fyrtio års lyckligt äktenskap var också barnen döda. Efter ett sorgeår gifte sig Hans på nytt med en 27-årig änka med sju barn. Han överlevde också henne, och dog åttiotvå år gammal.

Inom denna vida livsram rymdes också den gärning som gjorde honom berömd och fick giganten Goethe att lystra. Ett gott exempel på den dynamiska medeltiden!

Det hör till saken att uttrycken för denna gärning, mästersångerna, i allmänhet inte fick tryckas. Och trycktes de fick de inte sjungas. Mycket har alltså gått förlorat. Med dessa bestämmelser ville sångarbröderna tydligen befästa den interna samhörigheten, men också skydda sig och sina yrken mot onödig insyn och inblandning utifrån. Hantverkarskråens växande sociala och ekonomiska betydelse i samhället sågs med oro av patricierfamiljerna i stadens råd; de fann det nödvändigt att hålla ett vakande öga på Hans Sachs och hans allt högljuddare yrkesbröder — de utgjorde ju sin tids fackföreningar.

Till och med deras musikaliska övningar tålde bevakas. När Luther betecknade Nürnberg som »Tysklands öga och öra» ville han förmodligen antyda att ingenting väsentligt gick staden förbi. Men staden gjorde också sin egen röst hörd och detta inte minst vid sångargillenas månatliga sammankomster. De hölls vanligen i kyrklig omgivning men kunde fortsätta på närmaste värdshus i toner och ord som hade påfallande litet med kyrkan att göra — bortsett från utfallen mot de katolska. Många diktare var anonyma och ansåg sig därför kunna angripa de katolska missförhållandena utan tanke på följderna. Hans Sachs blev själv ett par gånger straffad med tryckningsförbud och av stadens rådsherrar anmodad att som skomakare hålla sig till sin läst och upphöra med skriverierna. Ett av

En av stadsportarna i Nürnberg på Hans Sachs' tid. Befolkningen är sysselsatt med allehanda aktiviteter som dans och jakt, idrott och fiske. Efter en teckning från 1542.

hans skådespel belades med visningsförbud. När hans popularitet och inflytelserika vänkrets med åren tilltog, blev det allt svårare för de konservativa krafterna att hålla honom i styr, särskilt efter 1527, då Nürnberg bestämde sig för att följa Luthers linje i trosfrågorna.

Dessutom tillhörde Hans Sachs i sin egenskap av skomakarmästare den inre och dominerande ringen av hantverkare. Där möttes också skräddarna och deras gelikar, vidare finsmeder och instrumentmakare, såsom vi redan sett. Dessa gruppers inflytande, som redan på Hans Sachs' tid numerärt sett rörde sig kring 75—85 procent, räknat efter medlemskap i mästersångarnas sammanslutningar, ökades ytterligare under 1500- och 1600-talen. Helt betydelselösa förblev sådana yrkesgrupper som till exempel trä- och byggnadsarbetarna. Kanske ansågs det av gammalt att slika sysslor tillkom alla och måste behärskas av envar. De verkliga hantverkarna var de som gått den långa vägen, som varit gesäller och enligt tidens sed vandrat några år omkring i världen; de hade en utbildning som berättigade dem att utföra beställningsarbeten och ta betalt för dem i reda pengar. För att försvara sina intressen fick de sluta sig samman till egna gillen med egna diktare och sångare, tonsättare, sånglärare och beskyddare.

Det är den miljö som vi känner igen från Wagners opera, där den ene sångaren avlöser den andre i ädel tävlan om vem som är bäst. Där möter vi huvudpersonen Hans Sachs, som naturligtvis måste utgå med segern både som sångare och människa. I den rollen har han blivit känd bland oss européer. Men var han sådan som person?

Säkert inte. Om vi låter den historiska verkligheten utforma scenbilden stiger där fram ur kulisserna en annorlunda och för oss ganska okänd Hans Sachs. Ju bättre vi lär känna honom i denna hans autentiska roll, desto mera tycks han ha att ge sin eftervärld, trogen som han var sig själv som sanningssägare på vers och prosa, som skomakare och diktare.

Vid klockors klang

När man skrev Anno Domini 1989 i Ingermanland och julen ringdes in i Kupanitsa inte så långt från Narva måste många av de äldre i församlingen ha tyckt att något av ett under hade skett. Själva hade de överlevat förstörelse och deportationer, deras kyrka hade delvis restaurerats tack vare språkfränder i Finland och nu senast hade tre kyrkklockor med förenade krafter hängts upp i tornet, också de en gåva från religiösa samfund i Österbotten. Den största vägde ett halvt ton, de två mindre 110 och 55 kilo. Inte på mycket länge hade folk obehindrat kunnat samlas till bronsens dova klang från tornet, kyrkan hade varit tom och stum i två eller tre generationer.

Julen 1989 måste verkligen ha varit något att uppleva, särskilt för de äldre som kunde jämföra med decennier av ofärd och bitterhet.

I motsats till oss lekmän, som undrar om inte en eller två klockor hade varit tillräckligt, fäster sig kanske en kampanolog av facket vid antalet tre av andra orsaker. Ringning med tre klockor innebär ju möjligheter till variationer av många slag utöver det vanliga ding-dong-mönster, vartill tornmusiken alltmera har rationaliserats. I den mån den numera överhuvudtaget observeras; för de flesta stadsbor har kyrkklockornas lite morgonsömniga och monotona ljud börjat sammansmälta med det vaknande trafikbullret på söndagarna, det har upphört att beröra oss på ett personligt och emotionellt plan. Att vår generation därmed håller på att gå miste om något vi med en viss överdrift kunde kalla ett europeiskt språk är ganska uppenbart. Den renässans som ringandet med rep nu lär uppleva på sina håll beror kanske på vår nedärvda aktning för kyrkliga riter som vi inte förstår. Kyrkklockornas ljud ansågs ju en gång ha en magisk kraft, stark nog att bota sjuka och fördriva onda andar.

Den betydelse församlingen i Kupanitsa tillmäter sina nya helgdagsklockor kan vi svårligen föreställa oss. För många har ju ordet *helg* blivit liktydigt med vila eller nöjen och förlorat det samband med *helig* som lever kvar på landsbygden.

Ännu efter senaste krig lär det ha funnits kyrkoherdar som av själva ringandets rytm och art kunde sluta sig till vem som drog i repen eller skötte trampandet. Och det finns f.d. klockare och allmogeringare som hävdar att all mänsklighet försvann när klockorna sattes i rörelse genom att man tryckte på en knapp. Därmed upphörde till exempel möjligheten att dämpa rytmen eller öka den såsom traditionen bjöd vid olika tillfällen; vid bröllop skulle klockorna behandlas betydligt intensivare och med snabbbare växlingar än vid begravningar.

En logisk följd av utvecklingens gång är att titeln klockare, som förr var detsamma som klockringare och därför ingav respekt hos sin omgivning, såsom vi minns från Kivis Sju bröder, idag låter ålderdomlig, på gränsen till det komiska. Klockarens sysslor har uppdelats på svartklädda tjänstemän av olika löneklasser, och arbetsskyddsmyndigheterna har sagt sitt — alldeles som sig bör — om klocktornens ishala trappor och nerkylda kyrkorum, om hörselskador av det ideliga ringandet och andra påfrestningar i det gamla hedervärda yrket.

Rörande ringandets ålder och ursprungliga orsaker är vi dåligt underrättade. På den punkten ligger Sverige ett

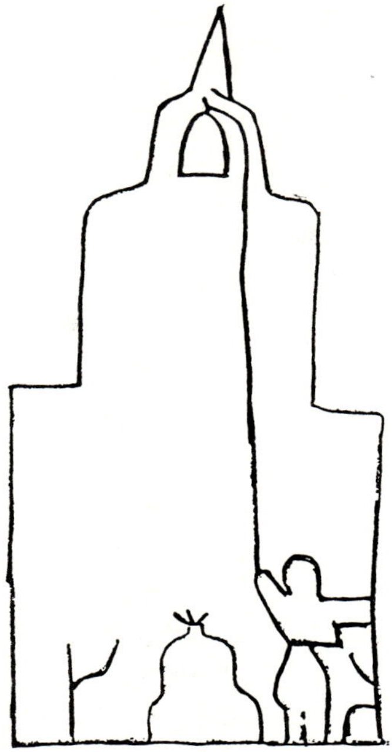

Runsten från Uppland i Sverige visande ringning med en klocka och rep.

par århundraden före oss. Såväl den äldsta där funna kyrkklockan som en runsten med inristad bild av klocka och rep anses härröra från början av 1100-talet eller kristendomens genombrottstider. Man har velat tyda det så att någon form av ringande inom kyrkorummet eller utanför det mycket tidigt blev en av den kristna kyrkans symboler. Därmed sammanhänger seden att rengöra klockorna.

Det ålåg självaste biskopen att tvätta dem, heter det, sju gånger utvändigt och fyra invändigt, med heligt vatten, salt och olja. Dessutom skulle varje klocka döpas; den fick ofta sitt namn efter något helgon. Behandlad på detta sätt var den bliven ett heligt ting och fick därför i princip inte användas för världsliga syften.

Klockornas mission var alltså från första början helig, liksom deras stämma så långt den kunde höras. Att det var värt att lyssna till den stämman visste alla, den ansågs innebära ett skydd mot hedniska anfäktelser och ondskefulla naturväsen.

Vid tiden för de första landskapslagarna i Sverige hade klockornas roll tydligen blivit så omfattande i människornas vardagstillvaro att den måste fastställas skriftligt och från fall till fall. Samma behov ser vi uttryckt i klartext i Åbo klockarelag från 1480-talet. Där bestämdes det bland annat att klockaren måste ringa med flera klockor allt efter tiden på dygnet eller årstiden, vid bönestunder och mässor. Domkyrkan hade troligen ännu på 1550-talet fem klockor av vilka den största var tillägnad St Henrik. I sockenkyrkorna kring Åbo var antalet klockor minst två. De säkraste vittnena om dåtida klockringningsseder är för alltid borta; bara ett tiotal medeltida klockor har bevarats till våra dagar och av dem är troligen bara hälften fortfarande i bruk.

Knappt hade normerna för klockor och klockare blivit anvisade allt folket innan Gustav Wasa ville dra ett streck över alla bestämmelser. Han behövde pengar för rikets skuld till Lübeck och den skulle kyrkan betala i koppar eller reda mynt: de största klockorna i Sverige och Finland skulle överlåtas till kronan — med risk för dryga böter vid vägran. Vi vet att kraven i Dalarna på 1530-talet gav upphov till det så kallade Klockupproret och att en del kristna ledare måste sona sin olydnad med livet — allt för de kära kyrkklockornas skull.

Också i andra avseenden innebar reformationen ett allvarligt avbräck då den nya och rena läran inte gynnade ceremonier lika helhjärtat som den katolska. Trots detta levde ringandet kvar till exempel i Åbo, och våra dagars mönster härstammar i allt väsentligt från det medeltida, ehuru betydligt förenklat och försvagat.

Hur det måste ha låtit på sin tid ute i Europa har J Huizinga beskrivit i sin bok »Medeltidens höst». I den dubbelhet han såg överallt, mitt bland alla motsatser och motsättningar, tyckte han sig höra kyrkklockornas klang och klämtande såsom den enda för människorna gemensamma stämman. Än kungjorde den frid och glädje, helg och högtidsstunder, än varnade den för pest, hunger och hårda tider. Klockorna hade sina namn, sina uppgifter att fylla och menigheten kände dem. Så ackompanjerade deras aldrig tystnande ding-dong medeltidsmänniskans vandring mellan glädje och sorg, hopp och misströstan, liv och död.

Den till synes lugna och trots reformationen ganska händelsefattiga utveckling vi här har kunnat följa avbröts under den franska revolutionen av dramatiska förändringar som säkert tystade tiotusentals klockor. De kretsar som tagit makten — för att snart igen förlora den — ansåg sig ha större nytta av klockorna när de smältes om till mynt och kanoner. De förklarades vara statens egendom och de

Detalj ur medeltida vävnad från Hälsingland i Sverige med repringning av flera klockor, av dem två i en särskild klockstapel.

deputerade undrade vilken nytta folket hade av klockor, som med sitt ljud slog ihjäl de levande för att hylla de döda. Flygblad med texten »Ned med klockorna» delades ut på gatorna i Paris och ett dekret från 1793 berättigade alla republikens kommuner att förvandla en del av sina klockor till kanoner.

Vi skall inte helt bortse från det faktum att klockorna tjänade dåtidens samhälle som ett kommunikationsmedel. Som bekant brukar revolutionära rörelser också i vår tid vara särskilt intresserade av att snabbt överta eller förgöra vardagens kontaktmöjligheter. Troligen var bonden på sin åker mycket bättre informerad om sin tids skeenden än vi i vårt informationsöverflöd är böjda att tro. Därtill bidrog högst väsentligt kyrkan med sina klockors mångahanda »nyhetssändningar».

Någon allmänt erkänd förklaring till att Englands »bellringers» efter reformationen i sitt eget land började gå sina egna anglikanska vägar har veterligen inte sett dagens ljus. Kanske har det något med den så kallade folkkaraktären att göra. Den finns antydd hos en tysk köpman som efter ett besök i 1500-talets England sammanfattade sina intryck i följande ord: »De äro synnerligen förtjusta i öronbedövande oljud såsom smattrande trummor. I London är det vanligt att människor, som tagit sig ett glas för mycket, kliver upp i något kyrktorn för att tillsammans spela med klockorna i timtal, bara för övningens skull». Med eller utan en förklaring är man gärna beredd att erkänna det specifikt engelska repringandet som en konstart för sig — någonstans mellan musik och vetenskap och sport — utan att för den skull avsäga sig rätten att betrakta det hela som ett lika harmlöst som charmfullt spektakel.

Då klockringningens teknik och yttre förutsättningar sannolikt nådde de brittiska öarna i ungefär samma ut-

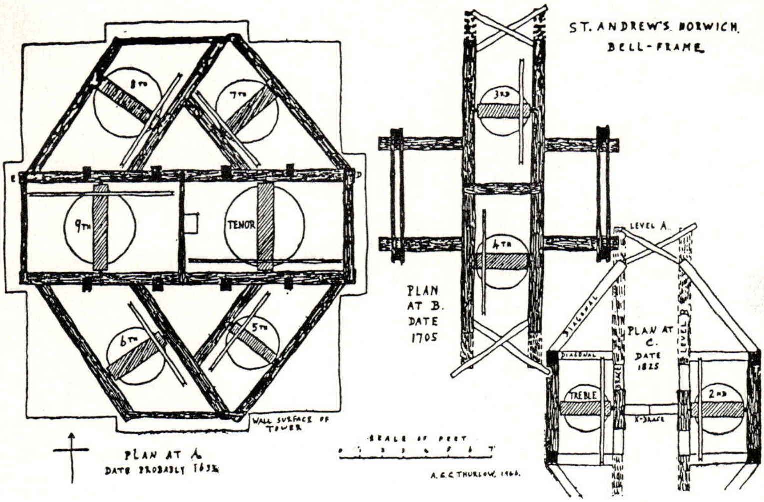

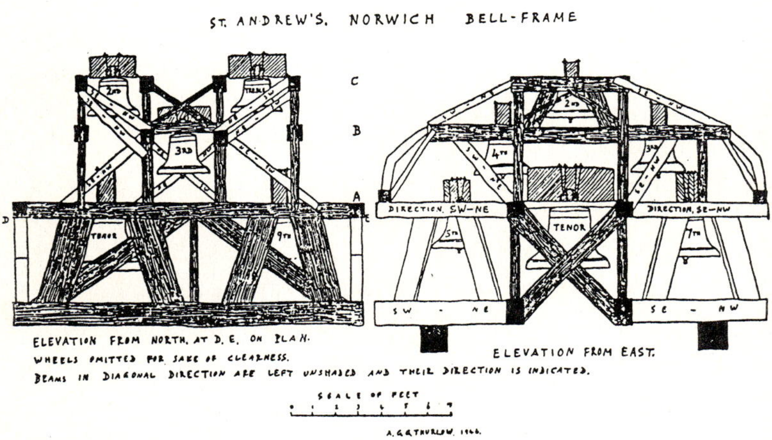

Teckningarna av de sex klockornas upphängningsplan och -anordningar i St. Andrew's kyrka i Norwich, England, visar systemet med tre klockor fördelade på två »våningar». Ur A.G.G Thurlow »Church Bells and Ringers of Norwich», 1948.

formning som på andra områden på samma breddgrader men trots detta nu anses som unika i sitt slag, måste väl slutomdömet bli att dagens ringande har vuxit fram ur rent engelska egenheter, ur benägenheten för lekfullhet och tävlingar, för humor och gruppanda som brobyggare över sociala gränser. Det för en utomstående förbryllande består kanske däri, att denna hobby även i dess mest excentriska former bedrivs i kyrkor och katedraler och av omkring 40 000 människor, män och kvinnor, i samma anda som på en pub eller en skolas fotbollsplan.

Den kan också bedrivas hemma hos matematikläraren eller hos vem som helst med sinne för siffror och permutationer i stil med mycket invecklade lottosystem. Det engelska ringandet kräver ett gott huvud, ett gott minne, goda nerver och goda krafter. För att överhuvud komma till stånd kräver det också papper och penna.

De flesta av oss har kanske egna erfarenheter av engelsk växelringning eller »changeringing» i samband med radio- och TV-sändningar från brittiska evenemang, kröningar och bröllop. I bakgrunden brukar höras ett ihärdigt ringande, ett brus av stigande och sjunkande serier.

Med eller utan dessa erfarenheter gör en lekman klokt i att läsa Dorothy Sayers kommentar i detektivromanen »The Nine Tailors», som mer än någon annan bok har gjort växelringningen känd i mycket vida — och som man vågar förmoda — även mindre kyrkliga kretsar.

> »Att ringa melodier betraktar den engelske kampanologen som en barnslig lek, som på sin höjd anstår utlänningar. För honom består klockornas rätta bruk i utförandet av matematiska permutationer och kombinationer. (— —) Växelringaren urskiljer faktiskt musikaliska skillnader mellan olika metoder att åstadkomma permutationer. Han försäkrar till exempel att musiken är vackrare när de bakre klockorna kommer 7, 5, 6 eller 5, 6, 7 eller 5, 7, 6 än när de kommer på annat sätt. (—

—) Men vad han verkligen menar är att varje särskild klocka presterar sin fylligaste och ädlaste ton när den ringes på engelskt sätt med rep och hjul. Hans passion — ty en passion är det — finner sin tillfredsställelse i matematisk fulländning, och allteftersom hans klocka rytmiskt arbetar sig igenom mönstret från ledning till efterhand, fylls han av den saliga berusning som det perfekta utförandet av en invecklad ritual skänker.»

(Övers. Sonja Bergvall)

Dorothy Sayers har också sagt att växelringandets konst liksom de flesta engelska egenheter är obegriplig för den övriga världen. Även om så vore är det lönt att försöka närma sig den, till exempel med hjälp av nedan antecknade diagram. Den visar hur sju av en kyrkas åtta klockor kan bana sig väg genom en »peal» eller långringning så som saken beskrevs för författaren av dessa rader på 1950-talet nära Oxford av ringaren för klocka nr 5, John Hall.

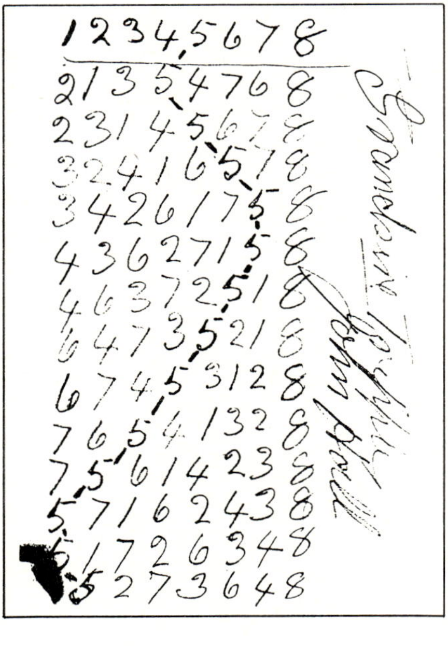

Han var alltså i turen först som nr 5, sedan som nr 4, sedan igen som nr 5, sedan som 6, 7, 7, 6, 5 4, 3, 2, 1, 1, 2 etc. Denna variant gick under benämningen Grandsire Triple. Den är tekniskt möjlig tack vare den hjulmekanism över vilken dragrepet löper och som kan hejda och tillfälligt låsa klockans rörelser för exakt insats i sin serie. Resultatet är något av en musikalisk vågrörelse.

Av en tillfällighet återfann jag Grandsire Triple i en bok om klockringningstraditionen i Norwich försedd med följande kommentar:

> »On the 26th of August: 1718: was Rung that Harmonious Peal Called Grandsire Triples, which have been ye study of ye most Ingenious men of this Age, who delight in ye art of Variations, but all their Projections proved errors untill it was undertook by IOHN GARTHON . . . »

Detta tyder på att vår Grandsire Triple i diagrammet för snart 300 år sedan efter många och mödosamma försök upptäcktes av John Garthon såsom matematiskt riktig och sedan »spelades» av ett ringarlag vars namn finns angivna i St Peter's Mancroft kyrka i Norwich. Det var en märklig prestation, kanske jämförbar med något nationellt idrottsmästerskap idag. Man drog i repen, upp och ner, upp och ner, i tre timmar och trettio minuter under ledning av lagkaptenen och »uppfinnaren» själv; det betydde 5 040 olika kombinationer mellan klockorna.

Som kombination eller växling räknas en »vågrät» serie från 1 till 7 (8) i ovanstående diagram och enligt reglerna får den aldrig upprepas i en och samma långringning, inte heller får någon klockas position flyttas mera än *ett* steg. Det betyder att en kyrka med fem klockor kan nå upp till 120 växlingar i en följd: 1 x 2 x 3 x 4 x 5 = 120. I Lincolnshire, där lord Wimsey hos Dorothy Sayers råkade ut för klockringningens mysterium bland hela tolv klockor, skulle 479 001 600 växlingar vara möjliga men detta är en utopi, eftersom reglerna också förbjuder vilopauser, besök på toaletten o.s.v.

En vanlig söndagsringning är alldeles tillräckligt ansträngande, inte minst för hörseln. Ringarna står vanligen i en cirkel nere i kyrktornets ringkammare med var sin repögla i handen. Genom ett hål i taket går varje rep upp till klockkammaren där det via ett svänghjul reglerar var sin klockas rörelser. När de alla är i full sving kan ljudstyrkan bli ödesdiger, särskilt för äldre kyrkobyggnader. Dels är vibrationerna alltför genomträngande, dels kan upphängningsbjälkarna ge vika när många tusen kilogram metall plötsligt sätts i häftig rörelse. Därför brukar man balansera klockornas tyngd och rörelser mot varandra i olika delar av klockrummet.

Av Dorothy Sayers beskrivning att döma hjälpte det föga:

> »Klockorna började tala: Gaude, Sebaot, Johannes, Jeriko, Jubileum, Hädanfärd, Late Thomas och Målar Paul, jublande, i fullt uppror högt uppe i det mörka tornet. De jättelika munnarna svängdes upp och föll ned, tungor av malm dånade, väldiga hjul svängde fram och tillbaka efter de löpande repens dans. Pling plong ding dång bing bång bang bom — plong pling ding dång — varje klocka föll melodiskt in på sin plats, löpte upp, löpte ned, tog baksteg, raskade, lade slagen i efterhand, gjorde på stället marsch, arbetade sig ned för att leda dansen igen. Ut över sankmarkernas jämna, vita vidder, över de snörräta, mörka fördämningsvallarna och de vindpinade popplarna trängde klockornas musik genom de av snön tilltäppta torngluggarna och fördes stötvis som vågor av dån över den sovande bygden.»

Av lätt begripliga skäl har ovan beskrivna påfrestningar krävt en hel del tålamod också av prästerskapet. Bördan har under tidernas lopp ökats i samma takt som ringarnas vana att efter fullgjort värv samlas vid ölstopen på närmaste pub. När man började bära in förfriskningar i själva ringkammaren uppstod kontroverser med kyrkan, särskilt som kringresande ringarsällskap kunde besöka kyrka efter kyrka för att pröva sina krafter med nya klockor och nya melodier, ett folknöje som hade ganska litet att göra med Guds hus.

Dessa ringarsällskap organiserade sig på ett tidigt stadium på basen av intresse för och kunskaper i ringandets ädla konst. Det äldsta bestående sällskapet lär vara *Ancient Society of College Youths* från 1637; senare bildades ringarsällskap t.ex. bland poliserna, bland järnvägarnas folk o.s.v. och sällskapens centralorganisation ge ut en tidskrift kallad »The Ringing World».

Där kan man läsa om ringningar med anledning av att i någon församling klockorna skötts av samma familj sedan 1593, i en annan hade man upptäckt åtta ringare med samma namn, vilket celebrerades med en ordentlig »peal» på två timmar, i en tredje församling ringde man till alla 80 år fyllda kamraters ära o.s.v. Det rör sig alltså om rätt världsliga ting. Å andra sidan betydde det ihärdiga ringandet en värdefull länk mellan kyrka och allmänhet; kyrkan blev en naturlig och uppskattad samlingsplats för generationer av ringarfamiljer och deras vänner, där övade man, där träffades man också på vardagarna, där tävlade man och bidrog till kyrkans anseende utåt. Vid stora högtider men också när fara hotade var ringarlaget en tillgång utan like. Ingen kyrka utan ringare, inga ringare utan kyrka . . .

Kanske förklarar just detta samband den annars svårtydda envishet varmed kyrkringandet nästan oförändrat har trotsat sekler av medvetet motstånd. På många håll har det varit — och långt senare än på medeltidens höst — landsbygdens enda samlande röst, olika till sin ton men ganska lika till sitt budskap. Det var säkert inte tomma ord när en biskop i 1500-talets England trodde att om alla kyrkklockor i landet ringde samtidigt skulle det inte ha funnits ett enda grevskap, dit deras budskap inte nådde fram. Så hade ju klockorna över vida landsändar ute i Europa manat till kamp mot morerna i sydväst och mot turkarna i sydost, så hade de hyllat konungar vid deras kröning och sörjt riken vid deras undergång, troget, ända in i det sista. Såsom också i Norden.

Det är märkligt hur också den seden, själaringningen, har kunnat bevara sin karaktär. Var den bortgångne en bonde i ett nordiskt bysamfund, kunde ringandet på många håll inledas av den stora klockan, ofta läderbeklädd för att dämpa klangen. Dess uppgift var att med ett slag för varje decennium meddela den avlidnes ålder och avsluta sitt sorgebudskap till bygdens folk med lika många klämtningar som det unnats honom år att leva utöver sitt sista jämna tiotal. När prästen sedan trädde genom porten in på kyrkans heliga mark, ringdes det igen, likaså när gudstjänsten började och slutade och när graven öppnades för den sista vilan. Kyrkklockornas klang har verkligen följt våra levnadsöden från vaggan till graven.

Det klassiska exemplet på klockringning, bortsett från teknik och syfte, så känt över hela Europa att mången läsare redan länge haft det i tankarna, är naturligtvis Victor Hugos berättelse om ringaren från Notre Dame, hur det var när klockorna började ringa i Paris . . .

> »Den uppgående solen ger sin signal, en dallring går igenom alla de hundrade kyrkorna. Det är först spridda klämtningar, som går från den ena kyrkan till den andra, som när musikerna i en orkester prövar sina instrument före konsertens början. Därefter ser man, ty i vissa ögonblick kan det förefalla som också örat hade syn-

förmåga, en pelare av ljud stiga upp från alla torn på en gång, som ett moln av harmonier. Till en början stiger varje klockas klang rak och ren, liksom isolerad från de andras, mot den strålande himmelen. Sedan vidgas klangerna och smälter samman, blandar sig med varandra och går upp i varandra, sluter sig samman till en storslagen symfoni.»

När sedan Notre Dames väldiga klockor, Marie och Jacqueline och alla de andra förenade sig i den symfoniska stormen kände den stackars vanskapte Quasimodos glädje inga gränser —

»Hela tornet darrade, bjälkar, takplåtar, murstenar, allt dånade och vibrerade, från pålarna i grunden till korsblommorna på det högsta krönet. Då stod fradgan om munnen på Quasimodo, han sprang fram och tillbaka och darrade i hela kroppen liksom kyrkan. Klockan svängde vilt och visade sitt bronsgap växelvis för tornets båda väggar. Från detta gap utgick en storm, vars dån hördes på fyra mils avstånd. Quasimodo ställde sig framför det öppna gapet, hukade sig ned och reste sig åter när det vek tillbaka, sög in den skakande stormen och lät sin blick vandra mellan myllret på platsen tvåhundra fot under den väldiga koppartungan, som vrålade i örat på honom. Det var det enda tal som han kunde höra, det enda ljud som bröt den ständiga tystnaden omkring honom. Han badade däri som en fågel i solskenet.»

En skildring som denna visar vilken upplevelse forna tiders kyrkringning måste ha inneburit också för utomstående iakttagare — och inte minst diktare — som fann sina sinnen fångade inom en och samma trollkrets; där var vibrationerna i luften, den starka stämningen, musiken från tornet, värmen från de brinnande ljusen och korets prunkande prakt.

Detalj av en kyrkomålning från 1300-talet. Ringaren intar förfriskningar medan han håller två klockor i rörelse, den ena med handen och den andra med foten. Sedan 1987 pryder denna bild omslaget till ***Acta Campanologica****, som utges av Nordisk Samfund for Campanologi, stiftat 1966.*

Det äldsta elementet i hela skådespelet är måhända klockorna. Inte de stora av brons, utan deras mycket anspråkslösa föregångare, de små handklockorna med vilka de första kristna, missionärer och munkar, en gång sökte väcka uppmärksamhet och samla åhörare omkring sig någonstans i Orienten. Klockornas uppgift har inte förändrats, lika litet som vi själva och vårt behov av klockor.

Också för barnen måste intrycket ha varit överväldigande, allt var nytt och stort och obegripligt, fantasin kunde fara iväg med dem utan den barlast av kunskap och tvivel som ofta tyngde de vuxna. I sina minnen »Från ungdom och vandringsår» (1941) har Torsten Fogelquist skildrat sin beundran för två av sin hemtrakts ringkarlar, Anders Gustav och Karl i Skur, och hur han som skolpojke brukade smyga sig till klocktornet för att följa med deras arbete med repen:

> »Så ringde det då samman. Tätt tryckt mot det dammiga, spindelvävsomspunna stockverket och gapande med vidöppen mun för att inte bli lomhörd — ty så var sakkunskapens tro och föreskrift — följde jag full av beundran de båda ringkarlarnas tävlan. Den var för mig både gudstjänst, bragd och konststycke. Ja, ett konststycke var det, både att sätta i gång och att stanna . . .»

Det var kanske inte så märkligt att just Torsten Fogelquist skulle skriva en essä om »ringkarlar». Släktdokumenten visar att hans farfars farfar var soldat och byklockmakare, hans farfars far var försångare och klockare i Foglums församling i Skara stift, hans farfar tog klockaryrket i arv. Helt naturligt alltså om författaren som barn på prästgården med stora ögon följde torparen och ringkarlen Anders Gustav när han varje morgon klockan sex öppnade tornluckorna och stängde dem varje afton klockan åtta.

Anders Gustav var också kyrkstöt och dödgrävare och Fogelquist mindes på äldre dar hur han kom gående med spaden som ett gevär över vänstra axeln och kyrknycklarna skramlande i sin högra hand. Han mindes också hur han själv, när han väl vuxit till sig några år, ville pröva sina krafter med klockorna. Det var ett stort äventyr den dag man gav honom repstumpen . . .

»Det var inte bara repstumpen som drog. Det var hela torn- och stapelmystiken med dammgömmor och spökvrår, kilande råttor och skrikande kajor, skumrask och svindlande utsikter i Guds vackra värld. Troget stod man morgon och afton på sin post vid kyrkogårdsgrinden och spejade efter sina mästare och föregångsmän, som hade nycklarna till himmelrikets hemligheter, dess fånglinor i sin hand och dess klockor i sitt våld. Och det randades en dag, då man fick hålla i halva repet, och en annan dag, då man tog alltsammans i sin egen hand och kände sig buren över skogsåsar och dalsänkor och sjöars skära aftonbrand . . . Man hade den stigande och sjunkande solen i sitt våld, människors verk och vila, de levandes andakt och de dödas ro.»

Kvarnar och mjölnare

Vi som med dämpad iver och hastighet knegar oss fram mot år 2000 och som upplevt vår omvärlds förändring från ryskt storfurstendöme till självständig republik, från atomålder till rymdålder till dataålder, löper lätt risken att förlora vår känsla för gårdagens värden. Ledande humanister har med fullt skäl gång på gång varnat för en alltmer hotande historielöshet. Vi saknar en måttstock, heter det. Och vi vänder oss alltför sällan om för att begrunda de spår vi själva lämnat efter oss.

Får vi tro de sakkunniga förlorar människan snart förmågan att med sina sinnen uppfatta det hon länge varit utan. Hon glömmer till och med orden för de företeelser hon inte längre ser i sin omgivning, och syrsans ljud och getporsens doft blir henne lika främmande.

Vi vet av egen erfarenhet hur förvirrande det är att finna sig halvvägs till det förgångna. En bilist som råkat in på lantliga sidovägar stannar upp för en sotig smedja eller ria, han letar efter ord för att beskriva en brunnssvängel och han blir nästan sentimental om han får syn på en väderkvarn med trasiga vingar i utkanten av byn. Men det händer inte ofta i våra dagar.

Stadsbor brukar finna väderkvarnar pittoreska och dekorativa; de uppfattas inte längre som minnesmärken längs den väg vi vandrat genom århundraden, som monument över människans kamp för det dagliga brödet. Vi har

Kvarnlandskap. Kopparstick från ca 1580. Deutsches Museum, München.

glömt brödets ursprung, någon måste påminna oss om det och lägga fram dokumenten.

Detta har nyligen skett i ett digert verk *»Die Kulturgeschichte der Mühlen»* (Leipzig 1988), där kvarnen svarar för den kulturhistoriska tideräkningen som ett slags måttenhet för gårdagens Europa — det, som inte längre behöver sina gamla kvarnar. Det visar sig att gångna tiders mjölnare alldeles utmärkt lämpar sig som vägvisare.

Men var kvarnens historia börjar kan inte ens de tala om för oss, det vet ingen. Däremot kan vår generation ännu upptäcka när och hur den slutade. Kanske på en bergsknalle vid landsvägen, där några kantiga stenar, stockstumpar och rostiga hjul visar vad som återstår av kvarnen. Resten — det mesta — har försvunnit, i den mån det inte finns bevarat i talesätt och minnesteckningar, bygdekrönikor och folkloristiska studier. Eller varför inte i operor och romaner, i komedier och sångaftnars repertoarer. Kvarnen som konstnärlig mittpunkt har haft en ovanligt lång radie. Den har inte bara speglat sex- eller sjuhundra år av vår tillvaro här i Europa, den har varit med om att utforma dem.

Under en sådan väldig valvbåge, byggd av vatten och vind, från forntiden fram till förra seklets ångkvarnar, har författarna till denna Kulturgeschichte samlat en mängd material med kvarnen som gemensam nämnare. Där är den tekniska utvecklingen och kvarnarnas ekonomiska och sociala verkningar. Sådant kan med nöd och näppe nås med ett sakregister. Mera diffusa blir betraktelserna kring kvarnen som ett forum för konstnärligt skapande. Där möter vi naturligtvis de två huvudpersonerna på den historiska scenen: mjölnaren och hans hustru. Låt oss alltså snart återkomma till dem.

Men allra först är vi skyldiga trälarna en tanke av erkänsla och tacksamhet för deras insats. Den tillhör det osynliga och odokumenterade som bara kan utfyllas av vår fantasi. Men som arbetsplatser tycks kvarnarna ha haft förvånande litet att bjuda på ifråga om historiska rön. Det största intresset hos en nyfiken eftervärld har samlat sig kring det smått mystiska och brottsliga i kvarnens skugga och till det symboliska i dess väsen. En skötsam mjölnare med en normal familj har tydligen ansetts som banal och är följaktligen något av en sällsynthet i folktraditionen.

Bland de symboliska ingredienserna i den förhistoriska kvarnmiljön intar stenarna en central plats. I bibliska sammanhang ser vi sädeskornet som en sinnebild för själva livet; när det mals till döds mellan två stenar är det fråga om människans vara eller inte vara. Kvarnen får domarens roll i det eviga spelet om liv och död. Vi känner kvarnstenens roll som ett människans gissel, själva Babylon skulle ju utplånas av dess förgörande makt. Å andra sidan visar femte Mosebokens 24 kapitel att den måste skyddas i det längsta. Stöld av kvarnstenar straffades ytterst strängt och de förbjöds som betalningsmedel: »Qwarn eller qwarnsten får ingen taga såsom pant, ty den det gör, han tager lif i pant». — Tydligare kan det inte sägas. Hemmets kvarn, även om den bestod av ett par stenar eller en primitiv mortel, symboliserade livets säd, dess död och fortbestånd.

I Medelhavsområdet, där floderna under större delen av året är uttorkade, kunde rinnande vatten inte utnyttjas för att driva de större kvarnarna, även om metoden var känd. Vad som återstod var djuren, som själva roterande höll kvarnen i rörelse, eller slavar i den mån sådana fanns att tillgå, och särskilt kvinnliga sådana, eftersom malandet hörde till de husliga bestyr som måste skötas nattetid för att säkra färskt bröd till morgonmålet.

Det har antagits att slavinnorna under det enformiga arbetet sjöng mer eller mindre improviserade sånger om sin ensamhet och att det skedde till melodier som lånat sin rytm av det monotona malandet. Det har till exempel ansetts troligt att den mest översatta av alla finska folksånger, nämligen »Jos mun tuttuni tulisi/ ennen nähtyni näkyisi . . . » — av Goethe översatt under rubriken *»Finnisches Lied»* — ursprungligen har sjungits av en österbottnisk eller savolaxisk trälinna, bunden till arbetet vid kvarnstenen. På liknande sätt bundna till sin kvarn var ju trälarna kring Sampo i Kalevala, detta ännu efter hundra års bemödanden oförklarade monster, som malde salt, mjöl och annan välfägnad. Eller jättekvinnorna Fenja och Menja som i Grottekvarnen ville mala lycka och makt. Om dem menade Gustaf Cederschöld på sin tid att Grottesångens ord »sjungits av kvinnor, som tagits i härnad och fått slava i det tyngsta av alla göromål». Vikingatidens kvinnor övertog det arbete som förut utförts av djur, fångar och slavar.

En av dem stod en gång i stugan och malde, heter det

hos Snorre Sturlasson i Inges saga, när kung Sigurd med sitt följe drog förbi. »Dá heyrdi hann i hús nökkut kvedandi svá fagra», berättar sagan. Sigurd stannade då för att lyssna till sången som tydligen hördes ända ut på tunet och blev så betagen däri, sedermera också i sångerskan, att sonen Håkan mycket riktigt föddes året därpå, eller som man har räknat ut år 1147. Detta skedde i nuvarande Bohuslän.

Att trälinnan sjöng »svá fagra» eller så vackert tål att antecknas i marginalen såsom det troligen äldsta omdömet om en nordisk folk- eller arbetsvisa, skriver Otto Andersson. Samma århundrade såg handkvarnarna småningom ersättas av vattenkvarnar som i sin tur på många håll, där naturen stod för varaktiga vindar, ersattes av väderkvarnar. I samma takt upphörde malandet att vara en syssla för kvinnorna i hemmet och övertogs av männen som ett yrke utanför hemmet, i byars och samfunds, kyrkans, adelns eller kronans tjänst. När kvarnens funktion i större skala blev lönsam övertogs förtjänsten av de besuttna i samhället och mjölnaren blev en mellanhand.

Bland kvarnägarna i större skala är kanske klostren bäst kända. Risken att övervärdera deras insats är uppenbar helt enkelt emedan den är bäst dokumenterad. Där fanns väldiga arealer med jordbruk och vattendrag, där fanns fri arbetskraft och sakkunskap liksom ett behov av självförsörjning och ständig sysselsättning. Liksom munkarna intresserade sig för vingårdar och nyttiga örter, mediciner och likörer, ville de att också jordbruket och kvarnarna skulle skötas rationellt.

Bernhard av Clairvaux berättar om hur hans femton munkar tillsammans med bygdens folk ledde det strömmande flodvattnet in i en särskild sidokanal för att det bättre skulle kunna utnyttjas av klosterkvarnarnas mjölnare, av garvare och valkare, tvättare och andra hantverkare, alla vid stranden av samma kanal och vid sina egna tekniska anordningar.

»Från 800-talet kan man i källorna följa den nästan explosionsartade utbyggnaden av vattenkvarnar, en process där klostren var de förnämsta initiativtagarna.» Orden är hämtade ur Michael Nordbergs bok »Den dynamiska medeltiden». »Redan på 800-talet hade sålunda klostret Saint-Germain-des-Prés på sina ägor inte mindre än 59 kvarnar.» Samme kännare av fransk medeltid har räknat ut att det i slutet av 1100-talet fanns över sjuhundra cistercienskloster i Väst- och Nordeuropa och flertalet av dem hade kvarnar. Den stora inventeringen av jordegendomar i England och på Vilhelm Erövrarens tid gav till resultat 5 624 vattenkvarnar i landet eller en kvarn per ungefär 50 hushåll.

Det blev så småningom något av en nödvändighet att sluta sig samman till större och sinsemellan konkurrerande företag med olika vinstandelar beroende på insatsen, vilket naturligtvis skedde till stort förfång för de enskilda bönderna. Ett av företagen, *»Société de Moulins du Bazacle»* i södra Frankrike grundades år 1177 och anses vara Europas äldsta aktiebolag. Liknande tendenser upprepade sig när kvarnarna något senare nådde upp till Norden. De svenska landskapslagarnas ganska detaljerade bestämmelser om kvarnbyggen var tydligen av behovet påkallade redan på 1300-talet.

Ett århundrade till, och väderkvarnarna hade vandrat över till Finland. Klostren, adeln och kronan skaffade sig egna yrkesmjölnare medan privata bönder började kalla sig Mylläri, Möllare, Myller o.s.v. Och när man i det svenska riket hade övergått till att tala om »kvaern» och kvarnar fortsatte man hos oss att kalla kvarnen för mylly — alltså efter gängse europeiskt språkbruk. Och den benämningen lever kvar än idag.

I en akademisk avhandling om äldre tiders samägda kvarnar i vårt land talas det om mjölnarsläkter på upp till

En tysk borg under belägring 1641. På krönet en vertikalvingad kvarn t.v. och en horisontalkvarn t.h. Kopparstick i Germanisches Museum, Nürnberg.

fjorton generationer, de flesta välmående och välansedda. Undantagen visste berätta om mjölnare som på illistiga sätt skodde sig på böndernas bekostnad, men i stort sett var de hyggligt folk som man gärna såg vid byns gemensamma gästabud, till och med som hedersgäster.

Det kan synas obefogat att betona något sådant men när man jämför genomsnittsmjölnarens image i nämnda avhandling med hans kollegas i den tyska »Kulturgeschichte» stöter man oväntat på olikheter vilka måste ha någon förklaring. Den mellaneuropeiske mjölnaren visar sig vara tämligen kroniskt oärlig, listig eller enfaldig i jämförelse med sina nordiska yrkesbröder. Ligger kanske förklaringen i vårt självägande bysamhälle, där makten över kvarnarna och andra produktionsmedel tillkom bönderna själva i större utsträckning än till exempel i Frankrike, och där de inte var tvungna att transportera sin skörd till någon överhet, om vilken det naturligtvis inte fanns mycket gott att säga? Sedd med den franske bondens ögon blev mjölnaren fetare för varje gång han begärde överpris och blandade sand i mjölet. Till och med hans ankor och grisar lär ha varit fetare än andras.

Detta må vara nog för att bevisa det envisa rykte om oärlighet som omständigheterna utsatte mjölnarna för. De var naturligtvis varken bättre eller sämre än andra, kanske en klen tröst för de oräkneliga européer som sedan kvarnarnas tid burit och ännu bär namnet Müller, Möller, Miller . . . och därför kan anses härstamma från mjölnare.

Yrkets negativa efterklanger hade också andra orsaker. Vare sig det var fråga om vatten- eller väderkvarnar uppfördes de nästan alltid på en smula avsides belägna platser, från vilka byborna i allmänhet höll sig borta. Väderkvarnarnas folk drog upp till kullar och mindre berg, givetvis för vindarnas skull, medan deras yrkesbröder sökte sig till trånga och övervuxna klyftor och ådalar där vattnen i små forsar sökte sig ner till lugnare förhållanden. Redan detta, sades det, visade med all önskvärd tydlighet att det var något besynnerligt med mjölnarna; de bedrev ett mystiskt spel som inte tålde insyn.

Mycket mera behövdes inte under tider då häxor brändes på bål och den onde själv visade sig än här och än där, med skägg och bockfot. Mjölnarna var för sin utkomst beroende av naturkrafterna, vatten eller vind eller båda, och därifrån var steget inte långt till magi och svartkonster. Att många av dem levde i hemligt förbund med djävulen framgick endast alltför tydligt av att kvarnarnas vingar ibland sågs röra sig trots att mjölnaren var långt borta. Och om nätterna, särskilt vid fullmåne, hördes ugglornas ropande från kvarnberget. Att katterna höll till under kvarnen visste alla. Men varför vågade inte mjölnaren själv bo där? Och varför var kvarnen så eldfängd? Varför hördes det knirrande och knarrande ljudet tydligare om natten än om dagen?

Svaret var naturligtvis att mjölnaren inte hade rent mjöl i påsen. Själva uttrycket kommer här väl till pass som bevis på hans kroniska oärlighet. Han var så sniken på denna världens håvor att storkarna med tiden lärde sig att undvika kvarnarna: mjölnaren skulle i varje fall stjäla äggen ur deras bon. Men smedens hus var de inte rädda för. Han var en hederlig hantverkare som gjorde vad man bad honom om, reparerade kärrhjul och sådant; mjölnaren däremot förvandlade spannmål till mjöl med ett obeskrivligt surrande utan att någon riktigt kunde se eller fatta hur det gick till.

Kort sagt: sedan handkvarnarna kom ur bruk i hushållen och bönderna blev hänvisade till yrkesmjölnarna uppstod ett motsatsförhållande mellan hemmen och kvarnen. Det skärptes helt naturligt av att mjölnaren ofta var en driftig karl med framgång i livet, vanligen förenad med en aptit på mat och dryck som måste synas utåt. Att han i sin tur var helt beroende av kvarnägaren och de pålagor varmed denne plågade sina underlydande, det hade byborna ingenting att göra med. De visste att mjölnaren åt vitt bröd året om, till och med utan att betala för det, och en sådan person ville man inte vara beroende av. Alltså tillgrep man de vapen som alltid stått också den fattigaste till buds, förtalet och ryktet, avundens arsenal.

Vilken inverkan denna inställning hos omgivningen än må ha haft på mjölnaryrkets sociala anseende visar bevarade källor att det — åtminstone där mjölnaren inte hölls under armarna av adel och abbotar — låg på samma låga nivå som till exempel herdarnas, skarprättarens, dödgrävarnas och musikanternas. Mjölnaren fick inte sitta i rådgivande eller dömande organ, han fick inte ens någon hedersam begravning och kom inte till himlen lika lätt som

En väderkvarn i slutet av 1500-talet var ett tekniskt invecklat maskineri. Efter en teckning av Agostino Ramelli (ca 1530—1590).

etablerade yrkesmän. Dessa hade dessutom stöd i sina gillen och skrån men mjölnaren förblev ensam och utomstående.

Också om en sådan beskrivning är schematisk och en smula ensidig blottar den ett för nutida läsare okänt blad i mjölnarens hävder. Hans hustru och döttrar skulle emellertid ytterligare lägga sten på bördan. De drabbades av andra vapen än mjölnaren men var lika oskyldiga som han. Vissa fördomar riktade sig enbart mot dem.

De ensliga och ofta tomma kvarnarna hade under slutet av medeltiden ett stadgat rykte som tillhåll för allehanda erotiskt syndfulla utsvävningar utanför lagens, kyrkans och anständighetens ramar. Dessa föreställningar lär ha sina rötter i bibliska och antika fruktbarhetsriter kring de nya livgivande krafter som ansågs spira fram mellan två kvarnstenar. Med stöd av detta halvt förvittrade kulturarv blev alltså den oärliga mjölnarens hustru stämplad som liderlig och otrogen sin herre och man. Denna nidbild spreds i ett otal talesätt och folkvisor, tryckta och illustrerade skillingtryck och skådespel i dialogform. Allmänheten erbjöds rikliga tillfällen att skratta åt hennes finurliga sätt att bedra mjölnaren, som i dessa fall vanligen framställdes som en enfaldig drummel. En av de flitigaste författarna av sådana moraliserande enaktare var Hans Sachs, skomakaren och mästersångaren i Nürnberg. Och en av de allra frivolaste och folkkäraste visorna på hans tid var »Die stolze Müllerin», som har ansetts vara den »urkälla» ur vilken senare generationers poeter har hämtat stoff för samma motiv. Den återges här i moderniserad form.

Därmed har vi träffat medeltidens ohederlige mjölnare och hans otrogna hustru. Av deras barn gav döttrarna traditionen om lättfärdighet fortsatt liv medan sönerna som levnadsglada gesäller upplevde egna äventyr i samma genre. På sina årslånga vandringar spred ungdomarna visorna till Frankrike och Spanien.

Original:

1. Ich weiß mir eine müllerin,
ein wunderſchönes weib,
Wolt gott, ich ſolt bei ir malen,
mein körnlein zu ir tragen,
das wär der wille mein.

2. Der müller aus dem holze kam,
von regen war er naß:
'Ste auf, fraw müllerin ſtolze,
mach mir ein feur von holze,
von regen bin ich naß!'

3. "Ich kann dir nicht aufſtehen,"
ſprach ſich des müllers weib,
"Ich hab die nacht gemalen
mit einem reuterskaben,
daß ich ſo müde bin!"

4. 'Haſt du die nacht gemalen,'
ſprach ſich der müller ſtolz,
'Die müle will ich dir verſtellen,
das kammrad und die wellen,
daß du nicht malen kannſt.'

5. "Wilt du mir die müle verſtellen,"
ſprach ſich des müllers weib,
"Ein ander will ich mir bauen
auf einer grünen auen,
auf einen grünen zweig,
auf meinen eignen leib."

6. 'Wilt du dir ein andre bauen,'
ſprach ſich der müller ſtolz,
'Die müle will ich dir verkaufen,
das geld will ich verſaufen
bei bier, bei külem wein,
bei zarten jungfräulein.

Det är varken rådligt eller möjligt att följa dem längre fram i tiden. Generationer av mjölnare föddes, arbetade och dog, väderkvarnarna fortsatte att snurra som förut. Men Europa förändrade sig omkring dem. Kvarnarna ålades nya arbetsuppgifter, än skulle de bevattna stora odlingsområden eller såga stockar, än skulle de höja vattennivåer eller tjäna som siktpunkter för krigande arméers artilleri. Som arbetsplatser var de tydligen så vardagliga, att de inte tilldrog sig något intresse. Men som tidstypisk bakgrund kom de väl till pass i naturmystikernas måleri, där de upplevde något av en renässans.

Man kan våga påståendet att varje betydelsefull del av kvarnmiljön fick sin egen framtoning allt efter den konstart, där den hörde hemma: prosan och dramatiken tog hand om mjölnaren, folkvisan och musiken om hans familj och de bildande konsterna om de fallfärdiga byggnaderna. Och undret skedde, att medan allt detta pågick, återfick mjölnaren sin ärlighet och hustrun sin ärbarhet. Kvarnarna sveptes in i ett romantiskt aftondunkel.

Goethe skrev sina kvarnballader, Franz Schubert komponerade sin sångcykel om »Den sköna mjölnerskan» och J S Bach berättade om en av sina förfäder som var mjölnare och som brukade spela cittra i en kvarn, inspirerad av de minst sagt sammansatta ljudupplevelserna i sin omgivning.

Det förefaller alltså som om människorna småningom försonats med den kvarnmiljö som de tidigare hade varit så villiga att förtala. Om kvarnen längre än på många andra håll vållade tvister i Holland är det bara naturligt. Landet var beroende av både vatten och vind och av dem båda fanns det ofta alldeles för mycket. Sänkte kvarnarna vattennivån i en kanal, steg den automatiskt i en annan. Att skipa full rättvisa måste ha varit ytterst svårt.

Bland religiösa sekter uppstod tvister av annat slag. Det kunde t.ex. röra sig om förbudet att mala säd på helgdagar. Det klassiska försvaret bland mjölnarna lär ha varit en vädjan till högre makter: Om Vår Herre i sin godhet lät det blåsa på en söndag, skulle det ha varit rena synden att *inte* ta emot en sådan gåva.

Än värre problem uppstod enligt hörsägen bland kyrkans egna tjänare. Så lär biskopen i Utrecht ha hotat med åtal mot de präster som nyttjade hans vindar; somliga av dem använde kvarnarna själva medan andra hyrde ut dem till mjölnare. Enligt biskopens uppfattning tillhörde alla vindar som blåste över hans stift honom med ensamrätt, varför alla kvarnar var skyldiga honom ersättning.

Om blåsten vållade bekymmer bland kyrkornas folk var läget inte alls enklare bland kvarnarnas — åtminstone om vi får tro följande barnramsa:

> Mjölnarn sitter i sitt torn,
> dyster, över säcken böjd,
> grubblar över allt sitt korn,
> aldrig är han riktigt nöjd.
> Har han vind, då saknas säd,
> ingenting att mala med,
> har han säd, då saknas blåst,
> bäst att hålla kvarnen låst!

Wilhelm Busch må förlåta mig om han är fel citerad.

Bland författare som till sina barndomsminnen kunde räkna en hel mängd av kvarnar i en oförstörd miljö, med rasslande vingar och skriande åsnor, står vi i alldeles särskild tacksamhetsskuld till Alphonse Daudet. Efter honom kom elektriciteten, och kvarnarnas vingslag tystnade i vår världsdel undan för undan.

Var och en som har haft förmånen att som barn följa med säckarna till kvarnen eller tröska sig svettig med slagor i en rökig ria förstår Daudets beslut att slå sig ner i en gammal kvarn i hjärtat av Provence för att skriva. Det var i kvarnens brytningstid och detta hans nya hem hade stått obebott i ett tjugotal år, övervuxet av vildvin, mossa och rosmarin, ett hem för kaniner och en gammal uggla.

Men trakten hade inte alltid varit lika tyst:

> »Förr var det en livlig kvarnverksamhet här och från en omkrets på många mil kom folk körande med säd som skulle malas. Runt hela byn var kullarna täckta med väderkvarnar. Vart man än vände sig såg man bara vingar som snurrade runt för mistralvinden ovanför tallarna och långa rader av små åsnor som gick uppför och nerför backarna lastade med säckar. Och hela veckan var

det en lust att höra ljudet av pisksmällar, knakandet från väderkvarnsvingar och mjölnardrängarnas rop från kullarna. Däruppe bjöd mjölnarna på muskatvin. Mjölnarhustrurna var vackra som drottningar med sina spetshalsdukar och guldkors. Jag hade med mig min flöjt och det dansades farandole till långt in på mörka natten. De där kvarnarna, förstår ni, var vår trakts glädje och rikedom.»

(Ur »Mäster Cornilles hemlighet»
Övers. Gunnel Englund)

Vid läsningen av dessa rader ur Daudets »Brev från min kvarn» (1860) känner man en stor glädje över att de blivit skrivna. Men frågan är om inte vår tacksamhetsskuld till Miguel de Cervantes Saavedra är ännu större. Han säkrade kvarnarna en bestående plats i världslitteraturen. Och ändå såg Don Quijote aldrig några kvarnar, han såg ju bara jättar som slog omkring sig med armarna.

»De där kvarnarna, förstår ni — —»

Olaus Magnus kvarnbild från Norden 1555.

Kosacker

Någon gång på 1940-talet frågade Sveriges Radio — dåvarande Radiotjänst — om jag ville göra ett program om kosackerna. Mina tvivel avvisades med motiveringen att jag som finländare naturligtvis visste »allt det där om Kulneff och Bobrikoff». — Det blev inte något program om kosackerna.

Men episoden väckte ett intresse för Kulneff och hans vidare öden. Hur kom det sig att han som fiendeöverste kunde hedras med en plats bland Fänrikarna? Var de andra kosackerna likadana som han?

Själva Kulneff-bilden mindes jag från skolan —

»En bild av bara skägg;
Du träder närmare, och du ser
En mun, som under skägget ler,
En blick, helt öppen, varm och mild,
Det är just Kulneffs bild.»

Liksom i de österbottniska stugorna välkomnades han ofta i Runebergs barndomshem i Jakobstad. Kanske fick han där en sup eller två och kanske lyfte han där upp den fyraårige Johan Ludvig på sina starka armar innan han igen vände tillbaka till sitt koscackregemente. Mindes pojken på äldre dagar det sträva skägget mot sin kind?

Vad som sedan hände Jakob Petrovitj Kulneff, vår mest

Generalmajor Koulneff. Efter ett porträtt, publicerat i London 1813. Museiverket, Helsingfors.

berömde kosack, är snart berättat. Han följde efter von Döbeln som med den svenska armén dragit sig från Åland till Grisslehamn, men gästspelet på svensk mark blev kort. Bara ett par år senare stred han igen mot turkarna i söder, beordrades till generalmajor och stupade i kampen mot Napoleons trupper 1812, ännu inte 50-årig.

Kulneff var kosack. Men vad är en kosack?

Alla försök att i uppslagsverk finna en allmänt godtagen

definition eller ens material för ett självkonstruerat svar på frågan om vem som kan kallas kosack visar sig snart fruktlösa. För något århundrade sedan var samma fråga långt aktuellare än idag men sannolikt fanns det inte heller då något entydigt svar. Själva begreppet förefaller nu så spritt över tid och rum att det väcker olika associationer beroende på vem den frågande är, var han bor och vilken bild han är ute efter: kosacken som fruktad krigare eller beriden bov, som stäppens friborne son eller som fast anställd gränsvakt i den slaviska centralmaktens periferi.

En viss litterär dragning till den stillaflytande Don får tillskrivas Nobelpristagaren Michail Sjolochovs skildringar av livet i kosackbyarna före och under revolutionen. Därmed har bilden av den förvildade ryttaren försvagats liksom också den traditionella uppdelningen i öst och väst: för generationer i väst har kosacken personifierat allmän laglöshet medan han i öster har framstått som en revolutionär eller som något av en Robin Hoodfigur, en frihetsälskande äventyrare som samvetslöst berövar den rike allt han äger och har för att dela med sig bland de fattiga — åtminstone ibland. Det var den gestalten som tidigare inspirerade så många ryska författare — ofta med egna erfarenheter — Pusjkin, Tolstoj, Gogol och många andra.

Förbryllad av den encyklopediska lärdomen söker man stöd hos inhemska sakkunniga. Harry Halén har nyligen formulerat en sammanfattning som med sina olika ingredienser illustrerar det svårgripliga hos kosackerna:

> — ofta sammanblandar man de turkbesläktade kazakerna i det ryska Central-Asien med de till sin nationalitet brokiga kosackhoparna. Benämningen *kosack* kommer nog från *kazak* och betydde ursprungligen en fri, självständig och ur kejsardömets synpunkt laglös ryttare, som med sina kumpaner strövade omkring rövande och försvarande sina rättigheter inom en halvmilitär or-

ganisation. Senare värvade tsarerna en hel del kosacker till den ryska armén.

(Övers. av förf.)

I stort sett samma fakta men med växlande accentuering finner man i andra uppslagsverk; de snuddar vid geografi och filologi, etnografi och historia.

Karakteristisk är en äldre svensk uppslagsbok i sin framställning av kosackerna som »ett ryttarfolk i Ryssland», som förut haft en »mer eller mindre självständig styrelse»; »folk» kan ju tolkas mycket olika och uttrycket »i Ryssland» behöver inte innebära att de var ryssar. Inte heller den definitionen låter alltså konturerna av »en äkta kosack» avteckna sig mycket tydligare. Detsamma gäller denna betraktelse, några nya upptäckter är inte att vänta, kanske beroende på att kosacktillvaron i första hand innebar ett sätt att leva.

Rikedomen på rykten och fattigdomen på fakta har lockat somliga till geografiska upptäcktsfärder för att finna »kosackernas vagga» eller ett forntida kosackvälde, ett »Cosackia». Någon brist på argument *för* en sådan självständig period för ett tusental år sedan lär inte finnas och de har också utnyttjats av mer eller mindre romantiska och nostalgiska exilkosacker (ex. W.G. Glaskow: History of the Cossacks, New York (1973). Kanske gör vi i alla fall klokt i att avskriva sådana drömmar och ersätta dem med ett visserligen förbisett faktum att den autonoma ukrainska republiken verkligen utropades under de skiftesrika revolutionsåren 1917—1918 och erkändes av centralmakterna som självständig stat. Men dess saga blev mycket kort.

I den mån tesen att kosackerna från början var slaver har vunnit gehör har också vägarna till de asiatiska kosackrikena grott igen. I motsats till moderna tyska uppslagsverk, som talar om ursprungligen turktatariska kosacker, har man på ryskt håll velat bevara det slaviska fritt och

»rent» från tatariska och andra främmande element. Då återstår i alla fall för dem i Europa ett område ungefär dubbelt så stort som Finland, började med Dnjestr i väster och slutande med Uralfloden i öster. Kosackerna tycks ha slagit sig ner i segmenten mellan de stora floderna och där utvecklat sina särdrag beroende på förhållandet till sina grannar, Polen, Litauen och sedermera Moskva i norr och turkar och andra muhammedaner i söder — Krimtatarerna inte att förglömma.

Vid sidan av de mera storryska Don-kosackerna har zaporogerna på sin över milslånga holme i Dnjepr blivit både omtalade och omtyckta, kanske beroende på Ilja Repins bekanta målning, där de svettiga av hatfylld kampvilja avfattar ett oförskämt brev till den turkiske sultanen. För Repin måste zaporogerna ha varit ett näraliggande motiv; hans egen far var en jordbrukande f.d. soldat, som också idkade hästhandel. Brevet skrevs enligt traditionen under en jätteek, nu 600-årig och gammal nog att ha skänkt sin skugga också åt hetmanen Bogdan Kmelnitski då han bad sina kosacker vara lika starka i striderna mot Polen som ekens stam. Zaporogerna, eller översatt: de som bodde på andra sidan forsarna, bildade ett slags brödraskap, där männen skulle leva ogifta, åtminstone i princip, och vara beredda att omedelbart bryta upp.

Kosackernas bördiga stäppområde utgjorde en nästan gränslös reservoar för stammar i ständig rörelse undan livegenskap och ukaser, feodalvälde och fattigdom, där fanns gott om utrymme för äventyr och en egen livsstil, egna samhällsbildningar med fritt valda hetmaner och atamaner. Det betydde utrymme också för inbördes stridigheter och uppror mot en misshaglig överhet.

Det historiska skeendet inom kosackområdena låter sig svårligen inordnas i ett nätverk av årtal i stil med de västeuropeiska staternas med kungar och krig. För kosackerna hade historien i beredskap en oavslutad serie påtryckningar från de makthavande med underkastelse eller trots och revolter som följd. Som vi har sett bildade de aldrig någon nation inom särskilda statsgränser, därför agerade de som samfund och grupper, till och med som individer utan risk för vittnen på den ofantliga scen som stod till deras förfogande. Och utan årtal i marginalen.

Vad de obebodda slätterna var för vår ungdoms gränsjägare och skogslöpare i Nordamerika eller världshaven för Francis Drake och de andra kaparkaptenerna, det var stäpperna för kosackerna. De hade sina egna lagar och de följde dem efter behov och lägenhet.

Kosackerna har uppfattats och upptecknats som ryssar sedan femhundra år tillbaka, från 1492, och nästan lika länge tycks de ha varit organiserade enligt halvmilitära principer. Syftet var att med vissa privilegier göra dem till lojala gränsbevakare, jordbrukare och boskapsskötande soldater, eller med ett ord till kolonister.

Syftet var gott men det innebar faror och frestelser. Den största faran bestod i att kosackerna blev mera lojala inbördes än mot sina höga herrar och därför slöt sig samman emot tsarerna — liksom de väntades göra mot tatarerna — och vände sina vapen mot dem. Den stora frestelsen låg i möjligheterna att glömma jordbrukandet och i stället ikläda sig självpåtagna roller som jägare och beväpnade lösdrivare. I tider av krig och kriser kunde furstarna i Moskva aldrig veta var de hade sina kosacker, vilkendera rollen de skulle komma att spela — eller vilka kosacker som skulle spela vilken roll — de olika kosacksamfunden och -lägren var ingalunda alltid av samma mening utan följde sin ledare. Och däri låg ytterligare en fara: de kände sig bundna till varandra av traditioner och känslor, som vi kan kalla nationella, vilket visade sig under revolutionsåren och under det andra världskriget. I ett längre historiskt perspektiv lärde vi oss denna historiska sanning på skolbänken, då vi läste om kosackhövdingen Mazeppas svek mot sina ryska furstar: när tillfälle erbjöd sig ville han byta roll och sluta sig till Karl XII:s trupper. Det misslyckades för honom liksom för alla hans olycksbröder. Kosackerna har varit med om att tillsätta tsarer men de har aldrig lyckats störta dem. Mazeppas försök till frigörelse var det tredje i stor skala; den Stora Friheten har förblivit en illusion.

Bland de kosackhövdingar som in i det sista sökte förverkliga denna illusion synes Stenka Rasin ha samlat de flesta sångerna och legenderna kring sin person, åtminstone på det folkliga planet.

Han började som välbeställd hövding i något av de över hundratalet enorma läger eller de kolonier som Donkosackerna hade grundat längs sina stränder och där blev han känd för sina hårdhänta försök att hjälpa de rotlösa flyktingar som sökte sig söderut undan sina godsherrars godtycke. Hans bror hade hängts av prins Dolgoruki för ett alltför envist motstånd mot Moskva och detta var kanske orsaken till att Stenka Rasin, mindre känd som Stepan Timofejevitj, drog ut på krigsstigen norrut längs Don. Kanske var hans mål inte bara hämnd utan också en självständighet för sitt folk liknande den som hetmanen Bogdan lyckats nå för kosacksamhällena kring Dnjepr. Hur som helst, han började med några hundra anhängare, hungrande efter mat och rättvisa, drog över båtarna till Volga på känt vikingavis och kom lyckligt till Baku med trettio skepp. I striderna mot perserna blev han grundligt slagen och måste fly tillbaka norrut.

Hans vana att hänga de rika i träden och frikostigt strö ut deras pengar bland de fattiga visade sig igen verkningsfull och han återvann sin popularitet, ehuru till ett dyrt pris. Bland bytet från Persien befann sig också en »prinsessa», låt oss kalla henne så, men när hans trupper knotade, missnöjda med sin hövdings sätt att gynna utländsk flärd, fann Stenka Rasin sig föranledd att slänga sin bildsköna brud i Volgas böljor. Denna scen har utformats i ord och toner som numera med sina folkloristiska varianter fyller många band om Stenka Rasin.

Särskilt omtyckt har naturligtvis det dramatiska ögonblick blivit, då han för sista gången lyfter henne upp på sina starka armar, talar till floden och säger:

Stenka Rasin eller Stepan Timofejevitj.

Du har varit god mot mig, Volga,
Mor och far för min lycka och framgång,
Du har gett mig rikligt av guld och silver,
Hur skulle jag inte vara Dig tacksam
Och dock har jag aldrig offrat något till Dig.
Nu skall det ske, se här mitt offer och min tacksamhet.

Enligt traditionen växte de väpnade skarorna snabbt kring Stenka Rasin från några hundra och tusen till över 200 000 med vilka han hotfullt närmade sig Moskva. Men såsom det ofta gått för härförare också efter honom, så gick det för den stackars Stenka: framgång förbyttes i motgång och snart släpades han avklädd och i bojor kring lemmar och hals till avrättningsplatsen —

Detta är en olyckans dag för folket vid Don,
Dimman täcker floden ända ner till havet,
Vår hövding är borta, Stepan Timofejevitj,
Han är död, vår gode och djärve hövding,
De bundo honom och släpade honom
Till det steniga Moskva.
Där slutade han sin stormiga färd.

Att kalla Stenka Rasin för en Spartacus är en vilseledande definition. Fångar eller slavar var kosackerna aldrig, även om de ofta var ofria så länge deras hövdingar var bundna av sina löften till tsaren eller till andra hövdingar.

Denna hos oss okända livsform finns i detalj beskriven hos Leo Tolstoj i hans roman »Kosackerna». Boken handlar om Ural-kosacker som av myndigheterna inkvarterats i ett slags civila garnisoner eller befästa byar i en lång rad längs riksgränsen bara några verst från varandra. Husen är byggda på pelare och mellan dem löper breda, raka gator. Över porten till den av Tolstoj beskrivna byn står skrivet: »266 hus, 897 manliga och 1 012 kvinnliga invånare».

Så länge kosackerna fann sig vid ett sådant inrutat och underordnat liv och var lojala mot tsaren — som deras förfäder lärt dem att hata — var väl allt gott och väl, men också Tolstoj tycks ha hyst sina tvivel på deras tillgivenhet att döma av orden: »ty frihetskärlek, fallenhet för sysslolöshet, röverier och krig äro karakteristiska för deras natur».

Den för kosackerna uppbyggda skyddszonen har sitt intresse också med tanke på en annan författare: Alexander Pusjkin och hans beskrivning av det märkliga kosackupproret under Emeljan Pugatjov på 1770-talet. Pusjkin hade personliga erfarenheter av kosacktillvaron från den tid han levde i nära kontakt med dem som en till södern förvisad officer. Han talade senare om dem som halvvilda folk, upproriska och laglösa, lättfärdiga och grymma. De krävde ständig uppsikt.

En av dem som undgick uppsikt var just Pugatjov. När han som kosackhövding påstod sig vara den riktige tsaren och tronföljaren och därmed bestred ryktena om dennes död, vädjade han uttryckligen till sina anhängare i deras egenskap av kosacker, till deras ära och traditioner:

> »Jag, den store tsaren, kommer att belöna er, kosacker, kalmucker, tatarer. Jag, Pjotr Fedorovitj, förlåter dem som förbrutit sig mot mig och jag lovar er floderna från bergen till havet, jord och betesmarker, pengar, bly, krut och mat.»

Kosackerna har här likställts med icke-ryska och ur rysk synpunkt kroniskt opålitliga och farliga folkstammar — kanske var garnisonerna hos Tolstoj inte alldeles obefogade. Men de står i bjärt kontrast till Nikolaj Gogols synsätt i romanen om »Taras Bulba» (1842). Där strider de kristna kosackerna av ideella skäl mot tatarer och polacker, muhammedaner, katoliker och judar. Kosackerna är förenade med varandra i ett broderskap av ära och stamfrändskap, alla andra är värda att förgöras, mongolerna är rövare, tatarerna hundar, polackerna banditer . . . endast kosackerna är ädla, fast ibland något hårdhänta. När Taras Bulba skjuter sin egen son sker det emedan det *måste* ske: sonen har förälskat sig i en dotter tillhörande fiendens läger och därmed har han förrått sin heder som kosack. — Brott och straff.

Liksom det skottet gav eko i den ryska folksjälen har kosackerna i sina motgångar och med sina halvvilda romantiska äventyr vanligen mottagits med äkta värme av det slaviska lynnet — i den mån man vågar tala om folklynnen överhuvudtaget. Pugatjov var en skojare av stora mått och han avrättades i Moskva (1775) men ryktena om honom som den mördade Peter III levde kvar och följde honom ända till fästningen i vårt karelska Kexholm där han satt fängslad som den okände eller namnlöse fången som alla viskade om. Ryktena överflyttades senare på Alexander I:s oäkta son, som där förblindades i evigt mörker, högt älskad av »borgfröken» Lydia von Eberhardt. Men det är en annan historia.

Även om tsaren och annan överhet i allmänhet har haft föga till övers för kosackerna och vanligen med rätt eller orätt låtit avrätta deras ledare, har dessa blivit desto bättre omhändertagna av sagor och sånger, sägner och legender, liksom av författare och andra konstnärer. Oftast har väl mänsklig medkänsla varit den drivande kraften.

Jermak Timofejevitj var inget undantag från denna regel. Hans bana började med Novgorod-släkten Stroganoff medan den ännu köpte och sålde pälsverk. Maxim Stroganoff fick av tsaren Ivan IV år 1574 ett privilegiebrev med löfte om all mark österom Ural för tjugo år framåt. Det lät onekligen storslaget men i själva verket rörde det sig om ett *terra incognita* som inte alls tillhörde tsaren utan andra och okända folk. För att hålla dem på avstånd från sina besittningar behövde Maxim en privatarmé. Han vände

sig då till Don-kosackernas ataman Jermak som med några hundra man åtog sig att sköta grovarbetet. Läsa kunde Jermak inte men det var också helt obehövligt för ett sådant uppdrag. Hösten 1584 intog han med sina likasinnade Sibir, där floderna Ob och Irtysj flyter samman, och där drunknade han två år senare som nyss utnämnd furste av Sibirien. Stroganoffs jaktmarker växte i det oändliga och han fick monopol på andra naturtillgångar liksom på rätten att hålla egna kosacktrupper. Med deras hjälp kunde färderna utsträckas allt längre österut.

Erövringen av Sibirien för tsarerna i Moskva var sålunda i allt väsentligt ett verk av kosacker. I vilken mån deras metoder bidrog till Ivan den fjärdes rykte som »den förskräcklige» må vara osagt. Ännu Maxim Gorkij kallade Sibirien för »dödens och kedjornas land». Dess ställning som en stat i staten, liksom också de stroganoffska privilegierna upphävdes först av Peter den store 1722. Men området bara fortsatte att växa; det är nu kortare väg från Leningrad till New York än till Vladivostok.

Dessa anteckningar om kosackerna blev följden av Sveriges Radios förfrågan om »Kulneff och Bobrikoff och allt det där» — för snart femtio år sedan.

Kulneff har vi redan mött utan att få veta hur väl han passade in i kosackernas dåvarande verklighet. Jag träffade »honom» en gång för länge sedan, i Moskva, under ett av president Urho Kekkonens statsbesök — men under ett annat namn.

Efter en mycket utdragen lunch på Finlands ambassad, när dörrarna till slut öppnades för oss utomstående, såg jag »honom» komma emot mig, kort och satt, rödbrusig och nästan övertäckt av medaljer och hederstecken. Men priset togs av de helt suveräna mustascherna — som ledde tankarna till Kulneff — och som nu för alla närvarande förkunnade att här kommer — marskalk Semjon Mihailovitj Budjonnyi och ingen annan.

Kosackernas tid var alltså inte helt förbi. Här hade vi till allmänt beskådande fått en ledare för de röda kosackerna som efter revolutionen 1917 bekämpade de vita kosackerna under general Denikin och Wrangel. Han var också befälhavare för hela sydfronten under andra världskriget. Hur han kunde undgå utrensningarna under Trotskij och Stalin är en gåta men kanske satt han som marskalk och kosack bokstavligen säkrare i sadeln än de flesta andra. Han dog 1973, vid nittio års ålder, hedrad av sin sovjetiska eftervärld med inte mindre än två militäriska musikverk, den bekanta Budjonnyi-marschen och en sång tillägnad hans eget kavalleri. Så blev han den siste kosackhövdingen — åtminstone hittills.

LITTERATUR

Redan de gamla kelterna . . .

Chadwick, Nora: The Celts. Middlesex, England 1970.
MacCana, Proinsias: Celtic Mythology. Yugoslavia 1983.
Åberg, Nils: Keltiska och orientaliska stilinflytelser i vikingatidens nordiska konst. Stockholm 1941.
Bengtsson, Frans G.: Keltiskt och irländskt. Ord och Bild, Stockholm 1924.
Powell, T.G.E.: The Celts, London 1980.

Europas indianer

Gardberg, C.J.: Tre Katarinor på Åbo slott. 1985.
Kjellberg, Lennart: Adam Mickiewicz' liv och verk. 1982.
Niemi, A.R.: Liettuan kirjallisuuden historia. 1925.
Studia Baltica: Näkökohtia Baltian maiden historiaan ja kulttuuriin.
Milosz, Czeslaw: Mitt Europa. Uppsala 1981.
Niitemaa, Vilho: Baltian historia. Porvoo 1959.

Krigets hantverkare

Langer, H.: Trettioåriga kriget (sv. övers. 1981).
Grimmelshausen, H.J.C. von: Den äventyrlige Simplex Simplicissimus. Stockholm 1961.
Tuchman, Barbara W.: A Distant Mirror, N.Y. 1978 (sv. övers. En fjärran spegel, Stockholm 1981).
Rehnberg, Mats: Svensk Soldat. Stockholm 1944.
Newark, Tim: Bertrand du Guesclin (Medieval Warlords), UK 1987.

Drottning Blanche och hennes smeder

Appelgren, A: Vallonernas namn. Stockholm 1968.
Kilbom, Karl: Vallonerna. Stockholm 1958.
Nikander, G.: Fiskars bruks historia. Åbo 1929.
Norrby, Jonas: Forsmark och vallonjärnet. Sv.D. 17 jan. 1988.
Douhan, Bernt: Vallonernas i Sverige. Fataburen 1981.

Kejsarens varjager

Henriksson, Alf: Byzantisk historia. 1988.
Lundkvist, Artur: Slavar för Särkland. 1978.
Åberg, Alf: Väringarna i Konstantinopel. 1976.
Uino, Pirjo: Laatokan muinainen metropoli. Hels.San. 18.11 1984.
Arbman, Holger: Svear i Österviking. 1955.
Latvakangas, A.: Bysantin kulttuuri Pohjolassa. Turun hist.arkisto 37 och 38/1982.
Psellus, Michael: Fourteen Byzantine Rulers. USA 1966.

Lille Fritz och turkarna

Topelius, Z.: Läsning för barn.
Kylävaara, Keijo: Balkanin santaa. Hämeenlinna 1978.
Özyurt, Senol: Die Türkenlieder und das Türkenbild. München 1972.
Böhme, Franz M.: Altdeutsches Liederbuch. Wiesbaden 1966.
Suistola, Jouni: Arkkinikkareita Turkin sodassa. Faravid 10/1986 Rovaniemi.

Bombastus Paracelsus, läkare

Hargrave, John G.: The Life and Soul of Paracelsus. London 1951.
Tigerstedt, R.: Medicinens historia. 1921.
Lindroth, Sten: Paracelsismen i Sverige. 1984.
—»— Epoker och människor. Stockholm 1972.
Muschler, R.C.: Sucher und Versucher. Leipzig 1935.

Sångare och skomakare

Hans Sachs und die Meistersänger. Utg. Germanisches Nationalmuseum. Nürnberg 1981.

Vid klockors klang

Acta Campanologica
Lindmarker, Ingmar: Klockringningens mystik. Sv.D. 5. jan. 1986.
Åmark, M.: Medeltida kyrkklockor. Uppsala 1961.
Kuuliala, W-K.: Kellot temppelin. Sortavalta 1943.
Knapas, M-T.: Suomen Museo 1988.
Thurlow, A.G.G.: Church Bells and Ringers of Norwich. 1948.

Kvarnar och mjölnare

Daudet, Alphonse: Brev från min kvarn. Övers. av Gunnel Englund. Höganäs 1983.
Nordberg, Michael: Den dynamiska medeltiden. Kristianstad 1984.
Duby, Georges: Krigare och bönder. Övers. av Michael Nordberg. Stockholm 1981.
Mager, Johannes o.a.: Die Kulturgeschichte der Mühlen. Leipzig 1988.
Aaltonen, Esko: Länsi-Suomen yhteismyllyt. Forssa 1944.
Andersson, Otto: Om kvarnsånger. Budkavlen 1958—60.
White, L.: Medieval Technology and Social Change 1965.
Wailes, Rex: The English Windmill. London 1971.

Kosacker

Lindqvist Rafael: Ur Rysslands sång. 1934.
Persson, Anders: Den farliga hjälpen. 1981.
Longworth, Th.: Die Kosaken. 1971.
Stökl, G.: Die Entstehung des Kosackentums. 1952.
Roucek, J.S.: Slavonic Encyclopaedia. NY 1949.